desejo

Clóvis de Barros Filho

desejo

Inclinações do corpo, conjecturas da alma

1ª edição

Rio de Janeiro | 2020

CIP-BRASIL. CATALOGAÇÃO NA PUBLICAÇÃO
SINDICATO NACIONAL DOS EDITORES DE LIVROS, RJ

Barros Filho, Clóvis de
B275d   Desejo: inclinações do corpo, conjecturas da alma / Clóvis de Barros Filho. – 1. ed. – Rio de Janeiro: BestSeller, 2020.

ISBN 978-85-7684-577-5

1. Desejos – Citações, máximas, etc. 2. Autorrealização. I. Título.

20-62234   CDD: 158.1
                                                                CDU: 159.947.5

Meri Gleice Rodrigues de Souza – Bibliotecária CRB-7/6439

Texto revisado segundo o novo Acordo Ortográfico da Língua Portuguesa.

Desejo

Copyright © 2020 by Clóvis de Barros Filho

Todos os direitos reservados. Proibida a reprodução,
no todo ou em parte, sem autorização prévia por escrito da editora,
sejam quais forem os meios empregados.

Direitos exclusivos de publicação em língua portuguesa para o mundo
adquiridos pela
EDITORA BEST SELLER LTDA.
Rua Argentina, 171, parte, São Cristóvão
Rio de Janeiro, RJ — 20921-380
que se reserva a propriedade literária desta tradução.

Impresso no Brasil

ISBN 978-85-7684-577-5

Seja um leitor preferencial Record.
Cadastre-se em www.record.com.br e receba informações sobre nossos
lançamentos e nossas promoções.

Atendimento e venda direta ao leitor
mdireto@record.com.br

SUMÁRIO

• • • • • • •

Prefácio	7
Advertência	9
Capítulo 1: "Faço tipo. Mas depois eu nego"	13
Capítulo 2: Caminhante, não há caminhos. Só desejos!	21
Capítulo 3: "É a porção melhor que trago em mim agora"	37
Capítulo 4: Urubu pintado de verde	55
Capítulo 5: "Dou meu corpo ao seu desejo violento"	67
Capítulo 6: "Ficar na terra e humanamente amar"	77
Capítulo 7: "Em todas as ruas te perco"	89
Capítulo 8: "Raparigas dos limões a oferecerem"	103
Capítulo 9: Converter a humanidade num cemitério feliz	111
Capítulo 10: "Teclas que tocam até o osso do grito"	121
Capítulo 11: "Só assim livrar-me-ei de ti, pernilongo FDP"	135
Capítulo 12: "Plenitude do que não tivera"	151
Capítulo 13: "Amanhã morro e não te vejo"	173
Capítulo 14: Quando você está lá em cima, no palco...	185
Capítulo 15: Desfigurada, intensa e verdadeira	195

Prefácio

• • • • • • •

Clóvis de Barros Filho é uma legenda da oralidade. Ele faz mágica com as palavras, a ponto de esquecer que estamos lendo um livro, estamos sempre nos lendo no livro.

Fiador de poetas, emprega de Fernando Pessoa a Hilda Hilst para elucidar confissões de aproximação e recuo, de hesitação e de impulso na rotina do corpo.

O que nos impulsiona a decidir por alguém? De que modo a vontade vira obsessão? Como podemos permanecer apaixonados a vida inteira?

Ele esquadrinha essa pulsão animal sem nenhum pudor ou reserva. Montou o seu fragmento do discurso amoroso, colando as peças que estavam soltas em Barthes.

Num mundo de facilidade de aproximação, de aplicativos de sedução, a operação complexa passa a ser depois do sexo, não mais antes. Como corresponder às expectativas sem a intimidade do enfrentamento?

Há um excesso de sonho para uma realidade pouca. Nem sempre se consegue esvaziar a fantasia no personagem desejado. Um ou dois encontros não são suficientes para cumprir a idealização. E migra-se de relação em relação com um desejo reprimido. Mudam-se os parceiros, repetem-se os métodos.

O prazer pelo prazer, do viciado, traz unicamente uma infelicidade insaciável. O imediatismo do ter impede o ser.

O aumento da frequência sexual e a sua consequente diversidade é um sintoma do enfraquecimento do desejo. Sem profundidade e véspera, sem ilusão e espera, cansa-se rapidamente. O desejo é moldura, não o quadro.

Assim como não é possível ser mera carne, existe uma admiração intelectual que afia o querer. Procura-se a oposição ou a aniquilação dentro do amor. Uma relação onde é tudo ou nada: morre-se de desejo ou mata-se o desejo.

Cada vez mais o norte é por um contraponto culto para a própria fome. Não se ambiciona esteticamente uma nudez, mas uma personalidade na volúpia, um temperamento sensual, uma ética do poder, em que haja esforço de entendimento para valer a pena. Quanto mais difícil, maior o entusiasmo. O valor da experiência decorre diretamente do tempo do desejo.

Fabrício Carpinejar

ADVERTÊNCIA

● ● ● ● ● ● ●

Sim, advertência. Porque estas linhas não introduzem ninguém a nada. Servem apenas para você não se equivocar sobre as páginas que se seguem. E, se ainda der tempo, não comprar em engano. Iludido. Caso ainda esteja perto da estante ou na fila do caixa, em olhadinha aperitivo, é com você mesmo que estou falando agora.

Nem filosofia, nem poesia. Menos ainda o resto. Nada de sociologia, antropologia ou psicanálise. O livro fala de desejos. Desses vividos em alma e carne. Alguns por mim mesmo. Outros, por seres desejantes como eu, capazes de relatá-los e dispostos a compartilhar seus afetos.

Neste livro, o genérico é secundário. Tudo que cabe em qualquer desejo torna-se periférico. Importa mais a sensação efetivamente experimentada por quem deseja. E o mundo bem concreto por ele desejado. Com suas particularidades e ineditismos.

Mas suas páginas vão além de uma mera lista de casos e situações vividas, dos apetites e inclinações de seus protagonistas. Para costurar ao narrativo e ao pitoresco algum fundamento, pedi auxílio a pensadores. De ontem e de hoje. Como sempre peço.

Encontro-me em relação a eles como um torcedor na arquibancada, curtindo a partida. O esporte fica por sua conta, caro leitor. Por mim, ficamos mesmo com o futebol. Algumas vezes consigo antecipar as jogadas. Em outras, entendo por que o jogador fez o que fez. O que pretendia com aquele gesto.

Mais raramente, atrevo-me a lamentar que tenham escolhido aquele movimento. A sugerir jogada alternativa, vislumbrar outro caminho para o gol. Um passe para um companheiro mais bem colocado, por exemplo. Em vez de ser fominha e sair driblando.

Indignação corajosa e recheada de fundamento. Sobretudo após a execução. Quando, conhecido o resultado, já se sabe do sucesso ou fracasso da iniciativa. Dado de que não dispunha o jogador ao deliberar.

Como todo torcedor assíduo, não paro de dar palpite. Mas, se tiver que entrar em campo, nem encosto na bola.

Para ser breve e você começar logo a leitura, também pedi auxílio aos poetas. Sempre adorei o que fazem. Questão de puro deleite. Emoção a cada estrofe. Deixo-me simplesmente afetar. Na maior ignorância. Sem ter quase nada a dizer para além do encantamento.

Como quem degusta a iguaria sem manjar nada de gastronomia e chora ante a melodia, mesmo boiando de pai e mãe em teoria musical e suas categorias, escolas, estilos, compositores, épocas e ritmos.

Mesma guarda baixa denunciada por Milton Nascimento. Em guardanapos de papel.

Poetas que chegam sem tambores nem trombetas. Sempre aparecem quando menos aguardados. Guardados entre livros e baús empoeirados. Saem de recônditos lugares, nos ares. Onde vivem com seus pares.

Suas ilusões são repartidas. Partidas entre mortos e feridos. Não desejam glórias nem medalhas. Contentam-se mesmo só com migalhas de canções e brincadeiras. Fazem 400 mil projetos que jamais serão alcançados. Escrevem o que sabem que não sabem.

Mantendo a alegoria esportiva usada para os filósofos, nem sei onde os poetas jogam. Ignoro as instâncias específicas de consagração. As condições de acesso. O grau de explicitação autorizada das contendas. Se o aplauso de não iniciados é ponto pró ou contra. Se as partidas que disputam passam ou não na televisão. As estratégias de conservação e subversão desse espaço de produção cultural. Não tenho ideia de quem possa ser o número 1 do *ranking*. Tampouco do campeão no ano anterior.

Advertido está o leitor a respeito do que tem pela frente. Falarei sobre meus desejos, sem nenhuma pretensão de verdade. Dessas que poderiam valer para além de mim mesmo. Mas antecipo dose generosa de autenticidade. Se assim não fosse, teria me entediado à morte, antes mesmo de chegar ao fim.

Capítulo 1

"Faço tipo. Mas depois eu nego"*

• • • • • • •

Miséria de recursos. Eis a nossa solitária condição.
Solidão. A única fiel. Da maternidade à cova.
Afinal, nada sabemos sobre consciências além da nossa. Da Terra, dos animais, das plantas e das outras pessoas. Essas últimas, é bem verdade, comunicam. Dizem o que lhes passa pela cabeça. Bem como o que sentem. Se mentirosas, afastam-nos cruelmente. Condenando-nos a interagir com o que não são.
Mesmo se autênticas e verdadeiras, só dispõem de palavras para o relato. A pobreza dos símbolos em face da imensidão dos afetos desafia toda boa vontade compartilhadora.
O leitor concordará! Para informar as infinitas oscilações de nossa potência — inéditas e irrepetíveis desde que nascemos —, causadas por mundos nunca d'antes encontrados, só dispomos de dois míseros vocábulos: "alegria" e "tristeza".

---

* Referência a um dos versos de "Evidências", canção de José Augusto e Paulo Sérgio Valle interpretada por Chitãozinho & Xororó. Faixa do álbum *Cowboy do Asfalto*, lançado em 1990 (Philips).

Da mesma forma, para dar conta de inclinações incomparáveis, entre amados e amantes tão diferentes, como pais, filhos, primeira namorada ou namorado, marido ou esposa já em crise matrimonial, velho companheiro da velhice, dispomos de surradas quatro letras.

A-M-O-R

Palavra sobrecarregada. Além da pluralidade infinita dos amores particulares, ainda se presta às pretensões conceituais dos filósofos e à sanha lírica de universalidade dos poetas.

Além-fronteiras, as letras mudam. Mas muito pouco: A--m-o-u-r, A-m-o-r-e. Ou, completamente, L-o-v-e. Mas a indigência permanece.

Nada sabemos. Nada podemos saber. O outro — e seus amores — nos escapa, mesmo quando implora para se fazer conhecer. Resta-nos supor. Louca e apaixonada pelo rio parece estar a terra que lhe estende berço. Como Nelson Nascimento, amigo enternecido pelo melhor jazz, sem nunca dispensar fígado com jiló no Mercado Municipal de BH.

Por isso, arrisco um palpite, ousado pela impossibilidade de toda confirmação. Havendo vida, haverá algum tipo de desejo. Com tudo a que tem direito. Inclinações do corpo. Conjecturas da alma. E a Terra que deseja o rio é poesia. Mas é também contemplação crua do mundo.

Por isso este livro fala muito de mim. Garanto que não se trata de vaidade excessiva. É que não tem outro jeito. Como o desejo implica alguma consciência do mundo desejado, só posso ter alguma segurança expondo o que eu mesmo sinto. Bem como o que me passa pela cabeça.

Clamo pelo seu crédito. Se a leitura o estiver aborrecendo, resista pelo menos mais algumas páginas. Se valer a pena, viramos parceiros. Caso contrário, sua indulgência me perdoará. Por ora, deixe-me segurar sua mão. Para irmos juntos, passo a passo.

Angulações de Natália

Imagine um bolo de chocolate sobre a mesa de jantar. Na cabana, ela sempre foi de madeira rústica, redonda, com centro giratório e dez cadeiras em volta. Uma criança, de joelhos numa delas, tenta alcançar a cobertura com o dedinho.
É Natália, minha filha. Cinco anos na época. Imagine o movimento do seu corpo. Ela praticamente se deita sobre a mesa. Ainda agora se encontrava perpendicular ao chão. Mas, nesse instante, pôs-se em paralelo. Seu corpo se inclinou. É nessa nova posição que a flagramos. Inclinada em direção a um mundo que a atrai. Quase alcançando o que deseja.

A cena poderia ser outra: a mãe de Natália, com uma colher na mão. Nela, um remédio de gosto insuportável. Um xarope caseiro feito com as folhas de guaco que vão entrando devagar pela janela da cozinha. Eu mesmo plantei.

— Para tosse crônica, não tem coisa melhor — dizia dona Nilza, minha mãe, que não chegou a conhecer a cabana.

A menina, galhofeira, foge. A mãe, em desvantagem, equilibrando a colher, a persegue. Por fim, acuada, Natália se inclina. Tal como diante do bolo. Mas, nesse caso, em sentido contrário. Para trás. Em luta pelo distanciamento.

Vencida a resistência, a menina abre a boca. Para que o guaco encontre a garganta irritada. E com ela se entenda. Eliminando a aspereza rubra. Apaziguando a vida.

Desejo e aversão. Serão contrários?

Tanto no caso do bolo quanto no do remédio, houve inclinação. Para a frente, em aproximação ao objeto do desejo; para trás, em afastamento do objeto da aversão. Parece tentador considerá-los um o contrário do outro. Pelo sentido do movimento, para a frente e para trás. E pela angulação, positiva e negativa.

Porém, se pararmos um segundinho para pensar juntos, talvez possamos reconsiderar essa oposição desejo *versus* aversão.

Quando Natália foge da mãe, do guaco e do xarope, há aversão, claro. Mas não seria essa uma forma particular de desejo?

— Desejo de quê? — você pergunta.

— Ora, desejo de não — eu respondo. De desencontro. Garantir para o futuro próximo um sabor que não seja de guaco. De conservar as papilas como estão.

Afinal, ao recuar o tronco e apertar os lábios um contra o outro, Natália deseja evitar aquele gosto. Deseja, portanto. Não se submeter àquela experiência de paladar. Evitar aquele encontro. Fugir do estímulo. Driblar o gosto ruim. Não sentir o amargo.

Portanto, inclinar-se para a frente em busca de sensações, ou para trás, para evitá-las, são, a rigor, tipos diferentes de um mesmo afeto denominado desejo.

Palavras e incertezas

Se um jovem diz a uma jovem "eu te desejo", há do que desconfiar. Ele pode estar mentindo, isto é, enunciando o desejo com plena consciência de sua falsidade. De que não a deseja. De que seu objeto de desejo é outro. A irmã. A melhor amiga. Pode fazê-lo também sem mentir. Por mero protocolo social. Atendendo a uma expectativa ensejada pela situação daquele intercâmbio. Com zero de avaliação prévia dos próprios afetos.

Mas, finalmente, pode estar dizendo a verdade. Traduzindo, em discurso, uma inclinação de aproximação. Uma atração com plena consciência da sua causa. Que pode chegar ao toque, ao atrito, à posse.

Depois do cinema, na hora da despedida, na porta de casa, o corpo se inclina na direção do outro. Para que os lábios se toquem pela primeira vez.

Se a afirmação — "eu te desejo" — pode gerar dúvida, numa eventual negação — "eu não te desejo" —, o cenário de possibilidades se complica. Não sabemos bem a quantas andam suas células, seus hormônios, sua mente.

A simples negação de um desejo pode expressar uma indiferença amena. Se não há desejo, tampouco há desconforto extremado ante a eventual presença. Mas essa é só uma possibilidade.

Afinal, por trás de uma negativa como essa pode haver profunda aversão.

Nesse caso, a mera negação do desejo está no lugar de "eu te rejeito" ou "eu te detesto". "Você me causa asco", "Quero que morra seco como uma uva-passa". Está no direito de quem rejeita com força descrever seu afeto na simples negativa. E limitar-se a dizer que não deseja.

Na relação entre duas pessoas, o desejo, por mais avassalador que seja, nunca é tudo. Sempre há algo mais. Por exemplo, a eventual atração fatal de uma diretora por um subordinado, ou de um aluno pela professora pode comprometer o escopo primário dessas relações: corporativo e escolar.

Por isso, em situações como as descritas acima, mesmo havendo aversão do subordinado pela sua chefe ou da professora pelo seu aluno, a abordagem de seus pretendentes acaba ensejando reação amena. Uma simples negativa. Do tipo "eu não te desejo". Já é duro ouvir. Mas é melhor do que a explicitação afirmativa do sentimento: "Você me dá náusea". "Urticária."

A simples negativa do desejo mentira não é.

Ao abandonar a sessão na metade, fui interrogado por um famoso crítico de cinema e grande amigo.

— E aí? Genial e sublime, não achou?

Limitei-me, sem faltar com a verdade, a não incluí-lo entre meus dez preferidos.

Inclinação e verticalidade

No entanto, convenha, caro leitor. Por mais que as estratégias sociais requeiram cautela, na hora de revelarmos o que sentimos pelas pessoas, a simples negativa do desejo em caso de tão flagrante aversão configura uma verdade formal que leva ao engano sobre a realidade dos afetos. Com o perdão da barbaridade lógica.

Esse falseamento é ainda mais flagrante em culturas menos cheias de dedos e de mais sinceridade.

Leia comigo o início da *Farsa de Inês Pereira*, obra de Gil Vicente. Você se lembra dele. Literatura portuguesa. Ensino médio. Leitura obrigatória para o vestibular. No texto, Inês deixa claro o que sente pela costura.

> Coitada, assim hei de estar
> encerrada nesta casa
> como panela sem asa
> que sempre está num lugar?
> Isto é vida que se viva?
> Hei de estar sempre cativa
> desta maldita costura?

Maldita costura. Uma aversão sentida. Um juízo de valor cristalino. Comunicado com sinceridade. Sem artifícios a contemporizar.

Vimos que "eu não te desejo" pode, em certos casos, dourar a pílula de uma profunda aversão. Mas essa não é, nem de longe, a interpretação mais esperada por parte de quem a ouve.

Afinal, o seu significado mais imediato é a simples indiferença. Um mero *des*-afeto. Uma não inclinação. Ausência de atração. Ante o mundo, conserva-se a verticalidade.

A certeza de que aquela presença, por si só, nem alegra nem entristece. E sua falta tão somente não perturba. Falta que não faz falta. Para o desespero do amante não correspondido.

Que desabafa ante a "frieza", como propõe Florbela Espanca.

Os teus olhos são frios como as espadas,
E claros como os trágicos punhais,
Têm brilhos cortantes de metais
E fulgores de lâminas geladas.

Vejo neles imagens retratadas
De abandonos cruéis e desleais,
Fantásticos desejos irreais,
E todo o oiro e o sol das madrugadas!

Mas não te invejo, Amor, essa indiferença,
Que viver neste mundo sem amar
É pior que ser cego de nascença!

Tu invejas a dor que vive em mim!
E quanta vez dirás a soluçar:
"Ah, quem me dera, Irmã, amar assim!"...

Releia, querido leitor. No desabafo da mais lancinante dor de cotovelo, o amante repudia a indiferença do amado:

"Viver neste mundo sem amar é pior que ser cego de nascença!"

Ah, querida Florbela. Posso lhe assegurar. Pior ainda que ser cego de nascença é tornar-se um na imperícia do bisturi.

Assim, propomos que a aversão não é o contrário do desejo, e sim uma de suas modalidades. Uma espécie do gênero.

Porque há desejo de sim, de bolo, de cópula com Gertrudes ou de polenta frita. Mas há desejo de não. Não a esses três mundos e tantos outros. Por isso, seu verdadeiro contrário é a indiferença. A verticalidade. A desinclinação. A perpendicularidade.

Essa nova oposição entre desejo e indiferença salta ao espírito em "Evidências", cantada por Chitãozinho e Xororó e tanta gente mais. Não há quem não goste.

De pedantes dissimulados a gente autêntica.

Quando eu digo que deixei de te amar
É porque eu te amo
Quando eu digo que não quero mais você
É porque eu te quero...

... Faço tipo, falo coisas que eu não sou
Mas depois eu nego...

Capítulo 2

CAMINHANTE, NÃO HÁ CAMINHOS. SÓ DESEJOS!

• • • • • • •

Meu nome é Ângela
Ângela Beatriz
Mas pode me chamar de carinho.
De amor,
De afeto...
Pode até não me chamar*

A cada instante a vida poderia ser outra. Vivida em outros lugares. Em outras atividades. Com outras pessoas. Vestidos com outras roupas. Ou nus. Sentindo outras sensações. Em outras experiências. Ouvindo outros sons. Divisando outras paisagens. Em outra temperatura. E, sobretudo, comendo coisas diferentes.
Menus diversificados, com cem tipos de pizza.
O mundo joga na cara a pobreza das experiências ante a imensidão das possibilidades.

---
* Poema de Ângela Beatriz Sabbag.

Dizemos, então, que um bom pedaço da vida de cada um de nós é contingente. Porque poderia ser outro. A cada instante. Por não ter que ser daquele jeito. Por depender de nossas escolhas. Do que fazemos acontecer. Do caminho que escolhemos trilhar. Dos passos que damos. Das pessoas que decidimos encontrar. E de como deliberamos nos relacionar com elas.

Se neste instante me encontro em Salvador, é porque decidi assim. Aceitar o convite para palestrar sobre Desejo. Dirigir-me ao aeroporto de Guarulhos. Embarcar. Desembarcar no Aeroporto Internacional de Salvador, Deputado Luís Eduardo Magalhães. Vir até este centro de convenções. E, em breve, conversar com professores daqui.

Depois, dar meia-volta e refazer em sentido contrário.

Ao longo do tempo que durar essa jornada, o dia inteiro, a vida poderia ser outra. Infinitamente outra. Algumas possibilidades passaram pela minha cabeça, mas foram preteridas. Para estar aqui, tive que fazer isso, jogar no lixo tudo que concorria, que poderia atrapalhar.

E não é só o que decidimos que exclui todo o resto, o que sentimos também. Afetos ocupam os instantes de vida. O desejo nos preenche. Alguns deles deixam sua marca. Podemos arriscar que a vida vale o que valem os nossos desejos.

Hilda Hilst, poeta de Jaú, deixa claro, em "Do desejo", quando diz: "Porque há desejo em mim, é tudo cintilância"*. Hilda devaneia sobre quão transformador é o desejo. Ao arrebatar o corpo e o pensamento para si, traz descanso e expulsa todo o resto.

Todo desejo, para ser desejado, pode excluir outros. Expulsar seus concorrentes. Inclinações enciumadas enfrentam forças adversas. Lutam por exclusividade. A aversão de hoje aniquila o amor de ontem.

---

* Trecho do poema "Do desejo", parte do livro homônimo publicado em 1992.

Como observa o poeta contemporâneo angolano José Eduardo Agualusa, em "O amor é um acidente, uma renúncia, um hábito, uma maldição", em sintonia com Hilda, um desejo pode ser tão agudo que silencia todos os outros.

Claro que também há na vida o que não depende de nós. Ocorrências não escolhidas. Nem deliberadas.

Quando uma criança joga bola na varanda do apartamento e derruba um vaso de plantas do oitavo andar, você, leitor transeunte, que resolveu dar uma esticadinha nas pernas pela calçada após o jantar, protagonizará encontro de imensa dor, tristeza e risco. Um crânio fraturado, quem sabe. Inexorável, dada a complexa rede de causas materiais que conduziram vaso e cabeça à colisão.

Por isso, só um pedaço da vida resulta de decisão. Nesse caso, tudo o que é poderia mesmo não ter sido. Sem caminhos prévios. Ao menos na perspectiva de quem decide.

Se fôssemos deuses e olhássemos o todo de uma vez só, talvez soubéssemos que tudo só pode acontecer como acontece. Nesse caso, nossas escolhas também seriam necessariamente aquelas.

Como deuses são sempre outros para nós, estamos condenados a contemplar em perspectiva. A proteger nossos umbigos. A ver o mundo a partir do nosso singelo e único ponto de vista. E nada mais.

Por isso, é impossível de onde estamos saber quem avança pela transversal. Bem como a altura da varanda em relação à calçada e a velocidade inicial do vaso. Já a sua massa, que também ignoramos, é irrelevante, segundo Torricelli, para calcular a velocidade final em queda livre.

E de que adiantaria conhecê-la, se o estrago e a dor resultante da pancada dependem demais da parte do vaso que efetivamente nos acerta?

Ocupando o interior de nossa consciência, como identificar o que a afeta de fora, a origem dos devaneios que nela brotam a cada instante e, finalmente, para onde se dirigem as ideias depois que não pensamos mais nelas?

Tal como numa garrafa, cheia de areia colorida, preenchida com zelo pelo artesão e conduzida por vagas num oceano em maremoto, o interior de nossa consciência pode conter ordem presumida, paradigmas e formas lógicas de pensar, certezas aparentes sobre si mesmo e sobre o mundo. Tudo isso em perfeita blindagem em face de tudo que lhe é exterior.

Enquanto isso, do lado de fora da garrafa, sem nenhum contato com os grãos de areia, as forças do mar a conduzem pelo caos.

Resta tomarmo-nos por criadores. Origem soberana e livre de pensamentos. Fonte primária de nossas escolhas e decisões. Com isso, matamos vários enigmas — urdidos na nossa ignorância — com uma ilusão só.

Filhos desnaturados

Na ausência de caminho, todo sentido é possível. Toda direção é cogitável. Cada passo nos leva para onde esteja virado o nariz. Qualquer deslocamento efetivo requer abandonar outros 360 graus de possibilidades.

Redução do infinito a um só. Derrubando o mundo no peito, sulcando a passagem na raça. Desbravando com bravura. Sem nenhum GPS pra ajudar.

E o poeta espanhol Antonio Machado nos ajuda a entender plenamente o sentido disso quando diz: "Ao andar se faz caminho". Para o poeta, o caminho é feito pelas pegadas do caminhante e nada mais*.

---

* Trecho de "Cantares". Tradução de Maria Teresa Pina. Disponível em: http://blogs.utopia.org.br/poesialatina/?s=cantares. Acesso em: 14 fev. 2019.

Porque, diferentemente dos outros animais, não dispomos de nenhuma natureza humana que possa nos ajudar. Assim pensam muitos, ditos existencialistas. Que dão primazia à existência. À vida vivida. À liberdade de escolhê-la. Em detrimento de grilhões de natureza, que nos constrangeriam a viver de acordo com alguma essência definidora.

Seguindo esse jeito de pensar, só nos restaria mesmo assumir nossa condição. De livres. Soberanos. Autônomos. E responsáveis por um a um dos passos que damos. Porque, no nosso caso, a vida seria vivida assim. Sem um ser a quem prestar contas.

Se em cada um de nós algum ser houvesse, desde o nascimento, cada passo seu no mundo seria por esse ser determinado. A vida seria asfixiada pela essência. Sem espaço para autonomia. Sem chance de liberdade. Gatos e pombos, ao viver, têm que prestar contas a sua natureza felina e pombalina.

Não havendo no nosso caso nenhum ser, tampouco alguma essência, podemos fazer da nossa existência obra-prima da nossa vontade. Inclusive, pela mais livre e espontânea delas, imitar com esmero e perfeição gatos e pombos, virando-nos nos 30, em programas de auditório no vespertino dominical da TV.

Somos nossa liberdade. Ou a ilusão dela

Para os leitores que não se conformam em nada ser, talvez haja uma saída. Pela porta dos fundos. Se fazem questão de ser alguma coisa, que tal ser a própria liberdade? A própria escolha?

Nesse caso, seríamos o que fizemos e fazemos da nossa vida. O que decidimos e deliberamos. As escolhas que foram, são e serão as nossas. Talvez por isso saber viver seja mesmo uma questão de saber escolher, como nos diz o sucesso de Roberto e Erasmo Carlos, eternizado pela banda Titãs, "É preciso saber viver".

Há como ir mais longe. Seríamos também os valores que decidimos usar como critério para tomar decisões. Os princípios morais que livremente assumimos como nossos para nos ajudar a deliberar. As regras que soberanamente achamos por bem respeitar. Desde a intimidade da nossa consciência até nossas intervenções mais espetaculares no mundo.

Já se fôssemos gato...!

Fôssemos gato e tudo seria muito diferente. Teríamos que viver vida de gato. A "gatitude" falaria mais alto. Prestaríamos contas, a cada instante de vida, à nossa natureza felina. Pagaríamos pedágio ao jeito gatuno de ser. E sequer nos passaria pela cabeça outra solução. A natureza de gato se imporia sem nenhuma dúvida ou hesitação.

Nesse caso, nenhuma liberdade teria sobrado. Ou se faria relevante para viver. Gatos já nascem regidos por rigoroso código existencial. Respeitam-no sem perceber, por instinto. Por isso, não deliberam sobre nada. Para toda e qualquer situação da vida de um gato, respondem adequadamente, como tal.

Gatos não se arrependem. Nem se angustiam. Porque nunca lhes toca escolher. Não há alternativas. Vida de via única. Antes de tudo, gato é gato. E ponto. Definido isso, na sequência vem a vida. E, sendo aquele vivente um gato, nenhuma heresia é pensável. Toca-lhe viver uma vida de gato. E pronto.

Mas, como não somos gatos, nem pombos, nem nada, resta--nos criar-nos a partir daí. Desse nada original. Inventar-nos do zero. Pela mais completa falta de ponto de partida. De essência. De princípio fundador. De natureza humana.

Se a vida do gato é a mera realização de um roteiro predefinido pelo seu ser, a vida do homem, pela falta absoluta de ser, obriga-o a aguardar até o final, para tentar descobrir quem, sem roteiro e no calor do improviso, acabou se tornando.

Ser de desejo *prime*

E para fazer tanta coisa acontecer a partir do nada o homem conta com um combustível mais que aditivado. Superexclusivo. Ausente da vida de qualquer outro vivente: o desejo. Porque, se os animais também se deixam atrair, inclinam-se com elegância e eficácia, perseguem suas presas. E os vegetais também acabam dando um jeito de se acomodar — desejar como o homem, só ele mesmo.

Afinal, nosso desejo tem objeto em conjecturas, pensamentos, ideais e devaneios. Nada mais no mundo, supomos, tem condições de produzir tudo isso como nós.

E você, leitor, sempre poderá perguntar:

— Como pode ter tanta certeza disso? Quem pode garantir que não haja profunda cogitação desejante por parte dos animais na hora de interagir com seus mundos? O que podemos saber sobre o que passa na cabeça de um javali ou no caule inteligente de uma samambaia?

Antes que continue a me esbofetear, já vou me desculpando. Claro que tem razão. Suposição idiota a minha. Mal e mal sei de mim, menos ainda de você, que também fuma cachimbo e toma metrô.

Como me atrevo a enunciar verdades sobre as mentes de javalis e samambaias?

Estou mesmo só chutando. Supondo por supor. Levianamente. Nunca fui zebra ou canguru, que eu saiba. Como poderia saber se passa algo por sua cabeça na hora em que se lançam sobre sua presa ou esta tenta escapar-lhes?

Com a mesma inquietação, o grande Miguel de Unamuno se pergunta: "Como ter certeza de que um caranguejo não resolve uma equação do segundo grau mais rápido do que nós?"

Aliás, essa certeza também não temos em relação aos nossos irmãos humanos. Somos reféns de seus discursos. No máximo, um detector de mentiras, que supostamente as denuncia, mas não desnuda a verdade. Não exibe a consciência. Falamos pela nossa e olhe lá.

Desejar como o homem, só ele mesmo!!!!!!! Que importância isso tem? O livro é sobre desejos humanos. E tenho dito. Se a diferença entre nós e o resto da animalidade é uma questão de grau de capacidade semiótica — nós um pouco mais, eles um pouco menos — ou uma diferença de categoria — tipo nós aqui, eles lá —, a discussão deve desencadear *frisson* em muita gente. Mas aqui não nos interessa.

Lembremos que nossa vida está, em boa medida, em nossas mãos. Esperando nossas decisões. Aguardando impaciente nossas escolhas. E contamos com o desejo para tudo. Para decidir e ir atrás. O desejo nos permite imaginar o mundo-alvo. E ainda nos inclina. Nos dispõe. Nos desloca. Aproximando-nos. Ou nos afastando.

Fabrício Carpinejar, na poesia "As raízes do desejo", sugere o que uma mulher almeja de um homem. Observe, leitor, o detalhamento. Grade de valores que garantem escolhas femininas, das quais fui vítima preterida quase sempre.

É complicado adivinhar o que uma mulher deseja no homem.

Deseja que seja sensível, mas não demais.
Deseja que seja determinado, mas não grosseiro.
Deseja que se vista bem, mas que não dispute beleza.
Deseja que seja interessado, mas não obcecado.

Deseja que seja sensual, mas não bagaceiro.
Deseja que seja preocupado, mas não ciumento.
Deseja que seja compreensivo, mas não tolerante.
Deseja que seja apaixonado, mas não grudento.
Deseja que tenha amigos, mas não álibis.
Deseja que seja independente, mas não indiferente.
Deseja que seja afetuoso, mas não invasivo.
Deseja que seja dedicado, mas não bajulador.
Deseja que seja persistente, mas não chato.
Deseja que seja irônico, mas não sarcástico.
Deseja que seja crítico, mas não lamurioso.
Deseja que seja surpreendente, mas não volúvel.
Deseja que seja misterioso, mas não volúvel.
Deseja que seja compreensivo, mas não condescendente.
Deseja que seja conselheiro, mas não moralista.
Deseja que seja educado, mas não afetado.
Deseja que seja familiar, mas não acomodado.
Deseja que seja simples, mas não superficial.
Deseja que seja ousado, mas não inconsequente.
Deseja que seja culto, mas não arrogante*.

Cadáveres na vertical

Se não houvesse desejo, a criança permaneceria parada, vertical, diante da mesa. Não se inclinaria. Não tentaria se aproximar do mundo. Teria, em relação às coisas, total indiferença. O mesmo se não houvesse aversão.

A criança vai para a frente e para trás movida por desejos positivos e negativos. Talvez nem saísse do lugar se nada dese-

---

* Íntegra do poema disponível em: http://carpinejar.blogspot.com/2013/06/as-raizes-do-desejo.html. Acesso em: 14 fev. 2019.

jasse. Mas, desejando, foi à Lua. E irá muito mais longe. Porque o céu já não é limite faz tempo.

Da mesma forma quando percorremos as ruas da cidade para ir de um ponto de origem a outro de destino. São vários os caminhos possíveis. Seriam todos indiferentes se não houvesse o desejo de ir mais rápido, de ir pelo caminho mais arborizado, de passar por uma praça que traz boas recordações. Ou de evitar certa esquina de acidente tenebroso. Para que os caminhos não sejam perfeitamente indiferentes é preciso desejar.

Um cantor famoso e disponível é assediado por muitas pretendentes. Na falta de algum desejo, a tietagem de todo fim de show se reduzirá a enfado e desagrado. Abundância de oferta e vazio de atração. Assédio na indiferença. Sem desejo, toda foto, abraço, beijo ou declaração tem o mesmo valor.

Muito diferente seria se ele quisesse uma companheira. Ou se houvesse algum gosto particular pela mais compreensiva, alegre, atrativa, honesta, fiel...

Combo de desejo

Na sorte grande todos os apetites se voltam para o mesmo mundo. Dirigidos a uma única fã. Ao mesmo tempo, a mais alegre, inteligente, atrativa, honesta e fiel. E, por cima, superapaixonada. Bem ali. A metros do palco.

Mas o leitor sabe bem: são poucos os cantores famosos e disponíveis. Talvez por isso a vida quase nunca seja assim, tão na mão. Com o mundo desejado dando sopa à distância de um braço estendido.

Drummond denuncia, com graça genial, a dor mais recorrente.

João amava Teresa que amava Raimundo
que amava Maria que amava Joaquim que amava Lili

que não amava ninguém.
João foi para os Estados Unidos, Teresa para o convento, Raimundo morreu de desastre, Maria ficou para tia, Joaquim suicidou-se e Lili casou com J. Pinto Fernandes que não tinha entrado na história*.

Desejos múltiplos. Na sequência ou simultâneos. E uma imensa dificuldade de decidir. Angústia que não termina na escolha. Medo de ter deliberado mal. Arrependimento. Afinal, não sentimos as tristezas das vidas não vividas.

A série *The Affair* nos traz preciosos exemplos. O trecho a seguir contém *spoilers*.

The Affair explora a história íntima de dois casais e também um caso amoroso extraconjugal protagonizado por integrantes deles. Com todas as consequências afetivas junto aos envolvidos. Sucesso de crítica e público. Três Globos de Ouro.

Noah Solloway é professor em Nova York. Consegue publicar seu primeiro romance. É casado com Helen, com quem tem quatro filhos. O casal tem um bom relacionamento e existe desejo entre ambos. Porém, em algumas ocasiões, as intimidades são prejudicadas pela prole agitada. A vida sexual padece um pouco por falta de sossego.

Além disso, o pai de Helen, sogro de Noah, é milionário. E rola certa dependência econômica. Se, por um lado, o conforto parece garantido, por outro, paga-se um preço alto: autonomia comprometida. O momento mais agudo desse vínculo foi o empréstimo para a aquisição da casa onde a família reside.

A família decide passar as férias de verão na vila costeira de Montauk, em Long Island, na casa dos pais de Helen. No

---

* Trecho de "Quadrilha", parte do livro *Alguma poesia*, publicado originalmente em 1930.

caminho, eles param numa lanchonete. Nesse momento, começa a trama propriamente dita. Noah se sente imediatamente atraído pela garçonete, Alison Bailey. Ela é casada com Cole, que luta para manter seu relacionamento depois da morte do filho.

O desejo fala mais alto. Noah e Alison começam a ter um caso. Em torno dos dois estão Helen e Cole. Helen confiava em Noah. Cegamente, diriam alguns, em pleonasmo. A confiança que não é cega chama-se desconfiança. A traição do marido a abala profundamente.

Ela leva o caso para a terapia. Mesmo não querendo demonstrar, sua vida vira de cabeça para baixo. Entre os filhos, quem sofre mais com a situação dos pais é Whitney, adolescente ansiosa por conquistar sua independência.

Cole, marido de Alison, é um vaqueiro, gerente de um rancho. Tem com a esposa relação complicada. Procura se reaproximar dela, que se tornou introspectiva e depressiva após a morte do filho. Cole também sofre com a traição. Mostra-se mais magoado que revoltado. Helen e Cole, cônjuges traídos, mesmo cientes da sua condição, não abandonam o lar.

A volta de Noah para a cidade determina o afastamento de Alison. Ante a necessidade de retornar a Montauk, promete à esposa que não procuraria pela amante. E, de fato, não a procura. O que não o impede de encontrá-la mesmo assim, antes de seguirem por caminhos diferentes.

Noah assume sua solteirice. Torna-se um copulador compulsivo. Muitas vezes ignora o nome da pessoa com quem está, vindo a perguntar apenas durante o ato. Os hábitos devassos o prejudicam em seu ofício de professor. Suspenso das aulas, aproveita para concluir seu livro. É preso por assumir um assassinato por atropelamento cometido por Helen.

Alison, por sua vez, vai para um retiro espiritual com a mãe, tentando fugir de tudo e de todos. Ela percebe que sua relação com Cole não tem mais jeito, pois admite ser muito dolorido viver com a constante lembrança da perda do filho. De volta a Montauk, depois de ter sido internada numa clínica de reabilitação, luta pela custódia da filha, Joanie.

Cole vive a melhor fase de sua vida. Os negócios estão bem. Ele tem uma família feliz junto de Luisa, sua nova esposa, e de Joanie. Mas o regresso da ex-mulher vai perturbar sua alma. A certa altura ele reflete sobre suas decisões. E imagina como teria sido sua vida se tivesse feito outras escolhas.

The Affair deixa no ar se Noah finalmente conseguirá conciliar seus desejos com uma vida razoavelmente estável. Ele quer ficar mais perto dos filhos e se muda para Los Angeles. Mas na escola onde leciona é assediado por garotas sensuais.

Helen, depois de muito sofrer, consegue finalmente um pouco de equilíbrio. Residência superconfortável e um namorado que julga perfeito. Os filhos felizes. Cenário de publicidade. Porém, alucinações a acompanham. Atormentada pelos sentimentos que ainda nutre por Noah. E pela culpa de tê-lo deixado ir preso em seu lugar.

The Affair provoca o espectador a se perguntar se podemos chegar a ter alguma certeza sobre relacionamentos amorosos, mesmo quando deles fazemos parte. A trama nos incita a pensar sobre atrações, aversões e juízos que fazemos dos demais.

Se o leitor não viu a série, e pretende continuar refletindo sobre desejo, mais que a recomendo.

"Bem pra lá do fim do mundo!"*

Na cabana, lá no alto, também não faltam desejos. É serra. A partir dela, o vendedor me garantiu ser possível divisar 21

---

* Verso de "No Rancho Fundo", canção de Ary Barroso e Lamartine Babo.

cidades. Nunca vi mais do que algumas luzes à noite. Bem longe. Num borrão só. Mas, como não enxergo direito, talvez não tenha pago demais. O preço é calculado sobre enxergantes normais.

Alguns convidados, inscritos nessa categoria, só divisaram as 21 cidades prometidas pelo corretor depois de degustar a ricota caseira. Temperada em *finesse* com o manjericão da horta. Perfumado que só. E arrancado numa tarde de fúria por seu Décio, homem de confiança. Que sempre exagera na ricota.

Desejos em algazarra

A antiga proprietária — para conservar a vista privilegiada do horizonte — eliminava todas as plantas. Desejos de amplitude, teria dito aos vizinhos.

Os mesmos que também foram por ela informados sobre os hábitos excêntricos do futuro proprietário: desejos de exclusão.

Assim que adquiri a cabana e o terreno em volta dela, com o dinheiro que as sucessivas demissões me permitiram juntar, passei a reflorestar compulsivamente a área. Desejos botânicos.

Não informo em alqueires ou hectares por ignorância das medidas, mas a extensão total corresponde a um pouco mais do que um campo de futebol. Oficial, claro. Mas olha! Cabe coisa. Deus do céu. Haja lombar.

A prioridade era dada à densidade: folhagens amplas visando garantir o refúgio. E tanto esforço, só por desejos de aconchego.

Muitos dos que lá frequentaram sugeriram que eu plantasse árvores frutíferas porque, assim, eu teria à mão os seus frutos. Desejos *fitness*.

Outros sugeriram o contraste entre folhagens mais escuras e outras mais claras, as que ganham tom avermelhado, as que florescem. Desejos caleidoscópicos.

Tantos desejos diferentes para cada hóspede da cabana. E a paisagem sugerida sempre revelava o tipo de espaço de entorno e de situação que ali desejariam viver.

No fim, em torno da cabana tem um pouco de tudo: folhas grandes que garantem o aconchego, frutas para os mais digestivos, flores e contrastes para os estetas.

Afinal, quando não há tirania, a convivência requer composição de desejos em uma geometria delicada de vetores que se opõem, se enfrentam. Mas também se anulam, se reforçam, se sobrepõem.

Mas se não estivéssemos aqui, com nossas inclinações, desejos e aversões, nada teria sentido. Nem valor.

O chocolate seria. Mas nunca gostoso. O sol seria. Mas não brilhante. A folha não teria a quem aconchegar. E corpo nenhum seria belo. Porque o mundo só é. O resto fica por nossa conta.

Com muito mais beleza, Fernando Pessoa sugere parecido.

Porque o único sentido oculto das cousas
É elas não terem sentido oculto nenhum,
É mais estranho do que todas as estranhezas
E do que os sonhos de todos os poetas
E os pensamentos de todos os filósofos,
Que as cousas sejam realmente o que parecem ser
E não haja nada que compreender*.

---

* Trecho de "O guardador de rebanhos", de Alberto Caeiro, heterônimo de Fernando Pessoa.

Capítulo 3

"É A PORÇÃO MELHOR QUE TRAGO EM MIM AGORA"*

● ● ● ● ● ● ●

Quando pensamos em desejo — como manifestação particular de alguém que vai atrás de alguma coisa no mundo —, imediatamente buscamos explicações relacionadas à sua essência, à natureza, a traços de personalidade e temperamento. Características que não mudam a toda hora.

Assim, acreditamos que cada um de nós, por ser quem sempre foi, desde o nascimento, deseja o que deseja.

Eu, Clóvis, adoro doce de leite. E a famosa geleia de mocotó da dona Elza. Coisas de Minas. Mas odeio práticas desportivas. Com exceção do gol a gol com o Ronaldo. Jogamos juntos desde os 5 anos.

— Natália sempre gostou muito de ler — comemora Karina, a mãe orgulhosa.

De fato, desde que aprendeu, não parou mais. Ao chegar a Buenos Aires, pede logo ao amigo Federico que a leve à El Ate-

---

* Verso da canção "Super-homem", de Gilberto Gil, faixa do álbum *Realce*, lançado em 1979.

neo. Avenida Santa Fé. A fatura do cartão quantifica a euforia. Nessa onda de ir para Portugal, a menina prefere o Porto. E não sai da Lello. A mais linda casa de venda de livros do planeta.

Quando o desejo de circunstância desafia o de sempre, desmente a identidade, a sociedade do entorno se sente traída. E reage à altura.

— Agora, a Má!!! Comendo lasanha!!! Não tô acreditando. Só pode estar doente. Justo ela, que só come folha.

— Não adianta convidar o Martin para nada no domingo à tarde. Você não conhece a peça? Tem o futebol e ele acompanha todos os jogos. E os comentários pré e pós-jogo.

— A Ra, que nunca acorda cedo, de pé às sete da manhã de domingo!!! Aguando os vasos!!! Tá bom. Conta outra!!!

Florbela Espanca, em "Fanatismo", lindamente cantada por Fagner, destaca essa confusão de quem somos com nossos desejos. "Não és sequer a razão do meu viver. Pois tu és já toda a minha vida."

Melhor degustar na íntegra.

Minh'alma, de sonhar-te, anda perdida.
Meus olhos andam cegos de te ver.
Não és sequer razão do meu viver
Pois que tu és já toda a minha vida!

Não vejo nada assim enlouquecida...
Passo no mundo, meu Amor, a ler
No misterioso livro do teu ser
A mesma história tantas vezes lida! ...

"Tudo no mundo é frágil, tudo passa..."
Quando me dizem isto, toda a graça
Duma boca divina fala em mim!

E, olhos postos em ti, digo de rastros:
"Ah! podem voar mundos, morrer astros,
Que tu és como Deus: princípio e fim! ..."*

Esse tipo de convicção faz dos desejos ótima matéria-prima para discursos. Daqueles que usamos para contar quem somos. E dos quais podemos estar plenamente convencidos. Suas palavras seguem as mesmas e se deixam repetir infinitas vezes.

E, assim, vamos assumindo para nós e para o mundo que somos fulano de tal que gosta de ir ao estádio, de arroz com rabada na panela, de cinema argentino, de novela antiga; de Pessoa, Eça e Camilo; de Getúlio, Gracindo, Golias, Gil, Gal, gols do tricolor. E muito mais.

Somos mutantes

O problema é que nossa vida afetiva é infinitamente mais complexa, rica, contraditória e mutante do que essas afirmações que enunciamos e ouvimos repetidamente sobre nós mesmos. Para desejar, contamos com corpo e alma, que não param quietos. Assim, os desejos vão surgindo. Instante a instante. Sem precisar de seres, definidos para sempre, para desejá-los.

Vinicius de Moraes, no "Soneto de fidelidade", embora fale de si, não dá muita bola para quem é, e sim para o que sente. Desde o primeiro verso, "De tudo, ao meu amor serei atento", o poeta anuncia o que lhe importa: o afeto amoroso como objeto único de sua atenção.

Se conservamos o mesmo nome desde o nascimento, nossos desejos não têm nada a ver com isso. Se temos que oferecer a nós mesmos e aos outros uma definição pessoal, a tal diferença

---
* Parte de *Livro de Sóror Saudade,* publicado originalmente em 1923.

específica que nos faz ser — de uma vez por todas — o que só cada um de nós é, os desejos nem sempre ajudam.

Com efeito, se formos nos apresentar enunciando os objetos de nossos desejos à medida que brotam em nós, com autenticidade, despertaremos total insegurança a respeito de quem somos. Em nós mesmos e em todos que querem ou precisam saber com quem estão lidando.

Afetos e seres não combinam muito. Os primeiros são passagens. Tipos de mudança. Maneira como o mundo transforma aquele que com ele se relaciona. Já seres, para ser, não podem deixar de ser. Exigem permanência.

Fernando Pessoa, em "Não ter emoções, não ter desejos, não ter vontades", diz muito melhor na voz de Álvaro de Campos.

Não ter emoções, não ter desejos, não ter vontades,
Mas ser apenas, no ar sensível das coisas
Uma consciência abstracta com asas de pensamento,

Não ser desonesto nem não desonesto, separado ou junto,
Nem igual a outros, nem diferente dos outros,
Vivê-los em outrem, separar-se deles
Como quem, distraído, se esquece de si...

Talvez por isso, em grande parte das relações, na hora das apresentações, quando urge enunciar quem somos, os desejos sejam deixados pra depois. Mencionados mais tarde.

Primeiro o nome, depois o ofício. Quem sabe a formação. Local de trabalho, dos estudos, da residência. Patrimônio. Tudo que costuma mudar com menos frequência.

Mencionar o apartamento de Miami é útil para interagir em certos ambientes. Referência inicial para uma série de inferências. Que sequer precisam ser mencionadas se você estiver conversando com as pessoas certas.

Desde as mais básicas, como ter grana para ir para lá com regularidade, até as mais incrementadas, como ser cliente regular desta ou daquela loja ou restaurante.

O apê de Miami era tudo que esperavam ouvir sobre você.

Paro por aqui para não entediá-lo. Mas, para quem é da alta, frequentador assíduo do pedaço, o tal apartamento permite deduções ao infinito. A cada passo mais detalhadas.

E pensar que para muitos de nós um apartamento, seja lá em que cidade for, não passa de um sonhado lugar para morar.

Da paixão à gestão

No caso de amor verdadeiro, que pode ou não ser à primeira vista, tudo se inverte. O grude começa pelo sentimento. Pelo afeto, desejo à flor da pele e na obsessão das palavras. Só muito depois do sentimento vem o resto.

Talvez por isso, Ludmila Clio, em "Urgências", pede que não lhe façam perguntas.

Ama-me
Não tentes entender
Não me faça perguntas
Não calcule
Apenas ama-me.

Abraça-me
Como quem precisa do meu amor
Como quem não pode me perder
Como quem só é completo em meus braços
Apenas abraça-me.

Pertença-me
Sem escutar opiniões
Sem olhar para os lados
Sem sofrer com julgamentos
Apenas pertença-me.

Aceita-me
Tenho defeitos e o maior amor do mundo
Tenho versos e me faltam melodias
Tenho olhos para ti e desprezo infinito por todo o resto
Apenas aceita-me.

Queira-me
Sem reservas
Sem medos
Sem distâncias
Apenas queira-me.

Viva-me
Em ti está minha pulsação
Em ti reside o meu melhor
Em ti preciso estar
Apenas viva-me.

Mas sobretudo
Entrega-te*.

À medida que a paixão vai arrefecendo, começamos a nos preocupar com o pagamento de contas, poupanças, previdências e outras trivialidades.

---

* Parte do livro *Febríssima*, publicado pela Editora Chiado em 2016.

Nem sempre essa passagem se produz no mesmo ritmo para os envolvidos. Não é impossível que um dos amantes ainda esteja contando estrelas no céu enquanto o outro já está se queixando das estrelas do hotel.

Nas "Paralelas" de Belchior, o poeta contrasta a perversa juventude do seu próprio coração — que só entende o que é cruel e o que é paixão — com o carinho — do motor do carro e do escritório rico — esperado pela amada.

No escritório, quanto mais o poeta multiplica a riqueza, menos o amor parece importar. O discurso amoroso — inicialmente imune a comodidades, confortos, vantagens ou patrimônio — perde hegemonia e cede espaço a outras fontes de afetação, causas alternativas de alegria, prazer e gozo. Seja na abundância aparente descrita pelo poeta, seja na miséria mais provável de amantes comuns.

Desejo em conta-gotas

Em contrapartida, no resto da vida em sociedade, nas interações do pequeno cotidiano, na superficialidade dos microconvívios, o caminho é do passado institucionalizado para o afetivo.

Estudei Administração. Na Católica. Quando me formei, fui trabalhar na Ciba. Casei-me com Elvira. Tivemos três filhos. Separei-me e logo encontrei Leocádia, com quem vivo. Ainda não temos filhos. Continuo trabalhando no mesmo lugar. E ainda moro lá na casa da Pompeia, onde você esteve aquele dia para celebrar o batizado do caçula.

Dadas todas as garantias de que há algo de estável a dizer sobre si mesmo, vamos nos tornando confiáveis. Apesar da separação. E, na sequência dessa âncora bem fincada, podemos nos atrever a propor pitadas do que estamos sentindo.

Os desejos entram aqui. E vão aos poucos compondo esse leque de informações constitutivas de nossa identidade. Aos poucos, é claro. Para não assustar.

Sempre gostei de carros grandes. Roupas despojadas. Sapatos de bico largo. Cuecas samba-canção. Sertanejo. Feijoada. Homens carecas. Mulheres baixas. Girafas e cabeludos.

Compromisso com a permanência

É melhor ir com cuidado no detalhamento. Definições de si são como cláusulas contratuais: quem escuta cobra respeito.

E a noiva, quase casando, não deixa por menos.

— Você não disse que gostava dessa cueca? Então. Te comprei dez de presente.

Minutos depois...

— Como meu pai faz a melhor feijoada que já comi, e você disse que é louco por uma, ele se animou de ir para a cozinha todo sábado.

Se as identidades ainda requerem alguma estabilidade, a coisa já foi muito mais rígida em tempos antes de nós. Qualquer correção de rota, ainda que sutil, ou redefinição de si no meio da trajetória, custava bem caro. Uma traição ou infidelidade a quem tinha certezas sobre você. E graças a elas aceitou interagir.

— Como agora você vem inventando moda!!! E se atreve a deixar de ser quem eu achava que fosse?

Como se trata de uma exigência social que se converte, pouco a pouco, em exigência pessoal, essa sociedade de que fazemos parte, nas últimas décadas, parece ser mais tolerante com revisões, correções, reavaliações daquilo que falamos a nosso respeito. Tolerância de todos para com todos.

Quem sabe o desejo na vida, vivido em carne e osso, efêmero, fluido, plural, contraditório, possa ser cada vez mais assumido perante a sociedade. E perante nós mesmos. Sem prejuízo das relações. Sem comprometer a fidelidade e a lealdade que lhe dão sustentação.

"Super-homem", de Gilberto Gil, dá conta com genialidade do conflito entre identidades pessoais e a fluidez dos afetos.

> Quem dera
> Pudesse todo homem compreender, oh, mãe, quem dera
> Ser o verão no apogeu da primavera
> E só por ela ser
>
> Quem sabe
> O super-homem venha nos restituir a glória
> Mudando como um deus o curso da história
> Por causa da mulher*

Mas toda liquidez tem limite. E tudo que tem vida muda o tempo todo. Talvez, por isso mesmo, estejamos assistindo, nos últimos anos, a um recrudescimento das cobranças de identidade.

O pertencimento a esse ou aquele grupo está a exigir de cada um manifestações resolutas e cabais de engajamento. O que pode implicar, em alguns casos, ódio pelo outro. E aí, toda hesitação tem um preço. E toda moderação é suspeita.

Desejo pesado de assumir

Confrontar as pessoas, sobretudo quando representam maioria, em nome dos sentimentos, dos desejos, pode ser custoso. Nada como a própria trajetória para abastecer a mente de uma

---
* Faixa do álbum *Realce,* lançado em 1979 (WEA).

memória em cores. Assim, todas as mulheres que ousaram manifestar algum desejo por mim tiveram que se justificar. Nunca houve aplauso.

Antes, na escola, porque era novo demais. Mais tarde, no mundo, porque sou velho demais. Sempre me faltou a idade certa. Pulei do demasiado cedo para o demasiado tarde. Perdi o miolo da vida. A parte ajustada às expectativas tiranas do mundo.

Os críticos mais amáveis sugeriam-lhes que poderiam conseguir coisa melhor. Sem nenhum esforço. Outros, mais incisivos, se indignavam: "Você só pode estar de brincadeira", ou, ainda, "Você sempre gostou de coisas excêntricas"; "Ridículo também tem limites".

CMTC x XR3

Lembro-me bem. Cenas vivas reconstruídas na mente. Era o começo da faculdade. Uma jovem, dentre as mais belas da sala, evitava, com elegância, as abordagens que recebia por parte dos colegas mais audaciosos. Converteu-se numa musa inatingível.

Eu, cioso de minhas limitações, nem passava perto. Eis que, constrangidos pela distribuição aleatória de grupos de trabalho, aproximamo-nos. E ao cabo de três ou quatro meses de convivência em sala de aula, com papos longos e entretidos, ela indagou:

— Você nunca vai me convidar pra sair?

Num primeiro momento, tive que envolver mais gente. Afinal, o transporte coletivo noturno em São Paulo não está entre as alternativas mais românticas. Aos poucos, a particularidade dos atributos dos veículos CMTC (Companhia Metropolitana de Transportes Coletivos), em contraste com o Escort XR3 de meus concorrentes, tornou-se conversa de corredor.

Sem falar do resto. Indumentária de marca alternativa. Tênis de uso insistente. Timidez. Poucas palavras. Armação de óculos. Vocabulário literário. Zero enturmado. Sem interesse por estágios. Ou por alguma carreira jurídica.

Mas o que mais agredia era mesmo a topografia. A distribuição das partes do corpo. Da face, em específico. O resto cobria-se de algum jeito. Pois acredite: essa jovem precisou de muita firmeza para resistir à pressão do coletivo.

Tantos pretendentes seus, habitualmente tidos por irresistíveis, incrédulos ante nosso idílio. E ela só aguentou firme por ter feito desse seu afeto uma bandeira de luta. Contra a tirania das referências estabelecidas. Não lhe faltou competência argumentativa para defender seu desejo, diante da empáfia das certezas hegemônicas.

Hoje, na velhice, tudo é mais suave. Outros atributos de personalidade tornaram-se legítimos para justificar preferências. Afinal, nessa fase da vida, são pouquíssimos os que ainda se garantem na frente do espelho. Sem falar do dinheiro. Que, infiel e irrequieto, às vezes troca de dono. Dando conforto a gentinha sem nenhum *pedigree*.

O valor social do divertimento

O ridículo de ser desejado. O ridículo de desejar errado. A chacota e o desprezo de uma sociedade que não perdoa. Aeroporto de Congonhas, em São Paulo. Há quatro décadas. Tempos mais seletivos, em que andar de avião era para poucos. Num domingo à tarde, um passeio barato e divertido era ir ver os aviões. Parados e em movimento.

A decolagem era o mais legal. Muita gente fazia isso. Além do meu pai, minha mãe e eu. Ir ao aeroporto só para ver os aviões. No caso de fome, melhor levar de casa uma bolachinha. Qualquer consumo no local encarecia, e muito, a brincadeira.

Uma vez no terraço, que dava visão da pista, era só alegria. Fascínio. Deslumbramento. Os aviões com hélice faziam ventar em suas manobras. Vento que batia na cara. Bagunçava o cabelo. As crianças acenavam dando adeus aos passageiros. Os lugares mais próximos do parapeito eram disputados a cotoveladas. Ali era o ápice do passeio. A vida já havia chegado ao seu destino.

No mesmo aeroporto, pessoas distintas e ocupadas tinham mais o que fazer. Precisavam da rapidez que só as nuvens propiciam para importantes deslocamentos. Compensadores do valor das passagens. Caminhavam pelos corredores e saguões sem hesitar, sabendo sempre por onde ir. Estavam familiarizadas. Gente importante nunca pega avião só de vez em quando.

Para essas pessoas, o aeroporto era apenas um meio. Trivial e banal. Quase óbvio. Que não supõe nenhuma escolha. Um não lugar. Que borra as identidades de seus frequentadores. Por ali, apenas tinham que passar. Para dar início às suas viagens. Ou para delas regressar. O melhor ainda estava por vir. O ápice tardaria. A felicidade, esperada e distante. A vida, por enquanto, apenas em trânsito.

Espaço de distribuição de capital simbólico, o aeroporto na época fazia desses raros e ricos usuários uma vitrine para a contemplação de admiradores. Estes, amontoados na arquibancada, não abandonariam a terra firme. Vitória social da passagem sobre o destino, da esperança sobre o deleite, do útil sobre o agradável.

Drenka encrenca

Outro exemplo do ônus de enfrentar o mundo social em nome de desejos desautorizados nos traz Philip Roth em *O teatro de*

Sabbath. Para quem gosta de literatura erótica, a obra quebra recordes de obscenidade. O livro conta a história de Morris "Mickey" Sabbath. Um sexagenário, desempregado, sujo e trapaceiro que arrasta o leitor para o seu universo de adultério e morte.

Os parágrafos abaixo contêm *spoilers*.

Sabbath era titereiro, isto é, um manipulador de bonecos. Numa caricatura, não há profissão melhor a um personagem manipulador do que a de artista de fantoches. Com o desaparecimento de Nikki, sua primeira mulher, Sabbath deixa Nova York. Muda-se para Madamaska Falls. Quase um esconderijo. Sobra a dúvida: teria assassinado a esposa?

Roseanna é sua segunda esposa. Alcoólatra. Internada numa clínica após sofrer um colapso. O motivo? O comportamento do marido. Quando Sabbath era professor universitário na oficina de fantoches, foi acusado de assediar uma aluna.

Sabbath tinha uma rara fonte de satisfação. Sua amante: Drenka Balich, doze anos mais jovem do que ele. A relação extraconjugal com a sedutora imigrante croata durou mais de uma década.

O protagonista se recusa a fazer parte do mundo das convenções. Não se obriga a nenhum cinismo, hipocrisia ou fingimento no que diz respeito a seus apetites. Assume suas inclinações sem medo de heresias. Revela a cada passo sua verdade de homem desejante. Assim, em face do olhar de todos, Sabbath vive em sexualidade desregrada.

Os constantes conflitos com o mundo social a sua volta determinam uma existência conturbada e atormentada. Que a idade avançada e a virilidade claudicante só fazem aguçar. Um pouco de potência ressurge com os relatos das loucas aventuras sexuais de Drenka, que fornica compulsivamente. Vários parceiros no mesmo dia.

A morte de Drenka consome o que restava da sanidade de Mickey Sabbath. Masturba-se diariamente ante seu túmulo. E descobre que todos os seus outros amantes também o fazem. A imagem da mãe, que já havia morrido, o atormenta; tanto quanto a do irmão, morto na Segunda Guerra Mundial; as mulheres amantes, amadas e desprezadas um dia agora corroem sua alma.

Sabbath sonha com a morte. Adquire um túmulo. Pensa em suicídio. Para ele, "uma hipótese engraçada". Sabe que não pode morrer. Afinal, "como ia deixar tudo isso para trás? Como é que podia ir embora? Tudo que ele odiava estava aqui". Termina pedindo que um policial o execute. Sabbath resume sua identidade: "Sou um cara imprudente. Para mim, também é uma coisa inexplicável. Isso substituiu praticamente tudo o mais na minha vida. Parece constituir o único objetivo do meu ser".

O teatro de Sabbath, publicado em 1995, está sempre no limite do intolerável, do inconveniente e do inapropriado. Uma das perguntas que o livro sugere é precisamente: até que ponto se pode escrever sobre o desejo?

Tanto minha namorada da faculdade quanto Sabbath nos fazem lembrar do óbvio. Que a vida é vivida com os outros. Em convivência. E que não dá para desejar de qualquer jeito. Aos poucos, vamos entendendo que deixar o desejo livre, leve e solto pode inviabilizar a vida em grupo.

Por isso, toda sociedade educa para o desejo.

Seja definindo, em plena consciência, metas a perseguir, troféus legítimos, objetos de luta e alianças, estratégias autorizadas e proibidas, seja esculpindo, pelo cinzel das relações de poder e dominação, a cada recompensa e castigo, no tom das evidências e obviedades, um corpo adestrado a se inclinar pelo que é "bom", "correto", "belo" e "justo".

Assim, entre aplausos e apupos, glórias e humilhações, a civilização vai estabelecendo em cada um de nós uma sempre renovada instância de desejos. Provisória na trajetória, mas definitiva para o instante vivido. Essa mesma que continuamos chamando de "eu", ou de "Clóvis". Ilusão de permanência mais do que necessária para não entrar em parafuso e deixar os outros sem ideia de quem somos.

Vetores de desejo em somatória

Não se trata apenas de proteger grandes universos sociais. Assegurar o triunfo da civilização de uma época contra pretensões perturbadoras. Toda convivência, mesmo a mais corriqueira e aparentemente inofensiva, requer certa organização dos desejos.

Imagine dois estudantes esforçados, que se dedicam pra valer aos seus cursos. Ambos precisam de silêncio e tranquilidade. Compartilham o mesmo espaço e desejam praticamente a mesma coisa.

O mesmo aconteceria se fossem roqueiros: desejosos por tocar, cantar, compor, dedilhar, assoprar, bater. Ambos desejam, para a convivência, a possibilidade do ruído. E convivem assim, desejando parecido. Quase a mesma coisa.

Mas a convivência deve ser possível, também, no caso da interação entre indivíduos com desejos contraditórios. E rigorosamente excludentes. É o que aconteceria num pequeno apartamento habitado por um estudante dedicado e por um roqueiro. Que também trabalha com afinco em sua música. Vetores de desejo que se enfrentam exigindo, para a convivência, uma pitada de tolerância e certo respeito a condições restritivas de existência.

Dessa forma, a vida em sociedade cobra de nós saberes práticos. De como direcionar nossa energia. Nossos impulsos.

De como desejar. Desses saberes temos consciência apenas em parte. Quem nos ensina? Pessoas, de carne e osso, que vamos encontrando. Em parte, por nossa escolha. Mas muitas vezes, não. O mundo e suas injunções decidem boa parte da trama da vida. Com as personagens e tudo.

Assim, é possível que tenhamos nascido em maternidade. Já nos aguardavam aqueles que em breve se apresentarão. Com insistência de enjoar suínos de grande porte. "Pa-pai. Não, não. Ma-mãe. De novo, pa-pai. Olha, parece que eu ouvi ele dizer alguma coisa."

Imagine o bombardeio de mensagens que, a partir do nascimento, esses dois impõem ao recém-parido. Todas indicativas, mais ou menos diretamente, do que é bom e do que não é. Do que é desejável e do que não é.

Eros de classe

Esses pais, por sua vez, são bem parecidos com tantos outros. Integrantes de mesmos grupos. Que também pensam muito parecido. Dispõem de repertórios semelhantes. Consolidados em trajetórias repletas de encontros. Acabam atribuindo os mesmos valores às coisas do mundo e da vida.

Não surpreende se manifestarem pretensões comuns. Capital econômico, cultural, bairros, clubes, lazer, gastronomia, consumo de mídia informativa diária e semanal, preferências eleitorais, heróis e demônios compartilhados.

Esses pais tão próximos acabam sendo agentes formadores de seus filhos. Em meio a tantas capacidades, certamente a de desejar certos mundos. E odiar outros. De agir deste ou daquele jeito para alcançá-los. Ou destruí-los. Isso de falar de pais e filhos faz lembrar, com saudade que corta, Elis Regina e "Como Nossos Pais".

Afinal, apesar de tudo, de todas as rebeldias, transgressões, revoluções, negação de valores, ainda somos de fato os mesmos e continuamos vivendo como os nossos pais*.

O leitor pode imaginar que tudo poderia ter sido muito diferente se, desde a maternidade, o convívio tivesse sido com outro tipo de gente. E as inclinações típicas de quem nasce com "sangue azul" seriam prontamente substituídas por um "mau gosto", "uma breguice", próprios de gente "sem berço", "sem *pedigree*", "desqualificada" e "sem estofo familiar". "Gentinha", em suma. Ou "gentalha". "Indigente", quem sabe.

Mas nem só de pais se forma um agente de desejo. Porque todos os outros com quem venha a interagir também participam. Parentes. Amigos da família. Vizinhos. Um pouco mais tarde, educadores em creches. Em escolas. Colegas. Não falta gente pra dar pitaco. Intervir sobre quem deseja. Fazê-lo desejar como se deve.

Como você vê, caro leitor, fomos, desde o nascimento, e continuamos sendo submetidos a um autêntico moedor de carne civilizatório. Para que, ao longo das interações, passemos a nos alegrar com o que nos ensinam ser bom, belo, justo e nos entristecer com o contrário. Assim, pouco a pouco vamos desejando o que é certo. Em alinhamento e adequação.

Compliance, para os que fazem parte do mundo por onde o capital circula.

O mundo social a nossa volta usa as ferramentas do prazer e da dor, da alegria e da tristeza, da esperança e do temor para direcionar nosso desejo no bom sentido. De maior valor. E arrancar de nossas vistas o mundo rasteiro, reles, chinfrim e sem valor algum.

---

* Canção de Belchior interpretada por Elis Regina no álbum *Falso Brilhante*, lançado em 1976 pela Phonogram.

Mas não custa repetir. Tudo poderia ter sido muito diferente. Desde a maternidade.

Desfrutemos juntos de Alberto Caeiro, nas "Falas de civilização e de não dever ser".

Falas de civilização, e de não dever ser,
Ou não dever ser assim.
Dizes que todos sofrem, ou a maioria de todos,
Com as cousas humanas postas desta maneira.
Dizes que se fossem diferentes, sofreriam menos.
Dizes que se fossem como tu queres, seria melhor.
Escuto sem te ouvir.
Para que te quereria eu ouvir?
Ouvindo-te nada ficaria sabendo.
Se as cousas fossem diferentes, seriam diferentes: eis tudo.
Se as cousas fossem como tu queres, seriam só como tu
 queres.
Ai de ti e de todos que levam a vida
A querer inventar a máquina de fazer felicidade!*

---

* Poema de Alberto Caeiro, heterônimo de Fernando Pessoa.

Capítulo 4

URUBU PINTADO DE VERDE

• • • • • • •

Alguém me perguntou um dia: "Quem te magoou?" E a resposta escapou pela garganta: "Tudo que sonhei pra mim".

Muita gente fala do homem atormentado pelas coisas da alma. Por tudo que lhe vem à cabeça. Pelos temores. E pelas esperanças que lhes são correlatas. Pelas lembranças e fantasmas do passado. Pela liberdade fundamental. Pelas angústias e dúvidas existenciais.

Arrependimentos também não desgrudam fácil. Sonhos e pesadelos. Tédio. Náusea. Escravidão em face de uma ideia de si. Ausência de propósito. O absurdo indiscutível de toda a existência. Sua absoluta falta de sentido. Sua finitude, que envenena o instante. A lista parece não ter fim.

Mas as mazelas da vida não são exclusividade da alma.

O homem também sofre com o que lhe é exterior. Com tudo que se lhe apresenta no mundo. Com aquilo que é outro. Outros humanos como ele. E com o resto. Que não é como ele. Animais, vegetais, minerais. E também as coisas.

Sofre com a bagunça aparente do mundo. Que só ele vê. Por contrastar a realidade com alguma ordem mental para as coisas. Modelo de como o mundo deveria ser. Que foi sendo formatado com a ajuda de outros delirantes. Sofre, portanto, com suas vãs tentativas de pôr tudo em ordem. Classificar. Ordenar. Categorizar. Comparar. Arquivar.

Alberto Caeiro* acha o mesmo em "Um renque de árvores".

Tristes das almas humanas, que põem tudo em ordem,
Que traçam linhas de cousa a cousa,
Que põem letreiros com nomes nas árvores absolutamente
   reais,
E desenham paralelos de latitude e longitude
Sobre a própria terra inocente e mais verde e florida do
   que isso!

Diante do mundo, o homem parece um pouco sem jeito. Sem saber como interpretar. Como reagir. O que fazer. Como uma criança que troca de escola no meio do ano. E entra na nova classe pela primeira vez. Fazendo a vida parecer um interminável *flashback* do choro da maternidade.

Como alerta Murilo Mendes em suas "Reflexões", nascer é muito comprido.

Ninguém sonha duas vezes o mesmo sonho
Ninguém se banha duas vezes no mesmo rio
Nem ama duas vezes a mesma mulher.
Deus de onde tudo deriva
É a circulação e o movimento infinito.

Ainda não estamos habituados com o mundo
Nascer é muito comprido**.

---
* Heterônimo de Fernando Pessoa.
** Poema do livro *Mundo enigma*, publicado originalmente em 1942.

Na relação embaraçosa com esse mundo cheio de coisas, o desejo é apenas uma possibilidade. Dele participam corpo e alma. Ou, se preferirem, corpo e mente. Células de todos os tipos. Mundo imaginado acompanhado de atração.

Desejo e temor

Esse desejo nunca vem só. Manifesta-se acompanhado de outros afetos. Outras sensações. Como o temor. E a esperança. Impossível um sem o outro. Quem deseja sempre espera alcançar o que deseja. E, portanto, também teme não conseguir.

Talvez o desejo seja um grande gênero no qual a esperança figuraria como uma de suas espécies. Porque toda esperança é desejo. Na falta do que se espera. Na ignorância a respeito do mundo esperado. Na impotência de trazê-lo para perto.

Mas nem todo desejo é esperança. Quando desejamos o que temos. O mundo como ele se nos apresenta. O real tal como é. Cada uma das palavras que ora estou a escrever, desejo fazê-lo, em pleno ato de digitação, tecla a tecla, sem esperar por nada nem ninguém.

E se, neste momento, só tivesse a conclusão da obra como meta, porque o editor não afrouxa o garrote dos prazos, ainda assim haveria desejo. De concluir. Mas não haveria esperança. Porque sou eu mesmo que tenho de fazer. Tudo depende da minha vontade.

Como você, que deseja agora fechar o livro, apagar a luz e abraçar seu cônjuge. Tudo sem esperança alguma. Questão de executar. E ponto-final.

Mas tudo isso, só quando você é senhor da situação. O que nem sempre acontece. O poeta Cruz e Souza, em "Encarnação", relaciona desejo com ânsias e palpitações. Quando o corpo interpreta a alma oscilante.

Carnais, sejam carnais tantos desejos,
Carnais, sejam carnais tantos anseios,
Palpitações e frêmitos e enleios,
Das harpas da emoção tantos arpejos...

Sonhos, que vão, por trêmulos adejos,
À noite, ao luar, intumescer os seios
Lácteos, de finos e azulados veios
De virgindade, de pudor, de pejos...

Sejam carnais todos os sonhos brumos
De estranhos, vagos, estrelados rumos
Onde as Visões do amor dormem geladas...

Sonhos, palpitações, desejos e ânsias
Formem, com claridades e fragrâncias,
A encarnação das lívidas Amadas!

Com a mesma temática, Florbela Espanca poetiza na primeira estrofe de "Volúpia".

No divino impudor da mocidade
Nesse êxtase pagão que vence a sorte,
Num frêmito vibrante de ansiedade,
Dou-te o meu corpo prometido à morte...

Sim, leitor. E essa relação entre desejo, temor e esperança não se restringe a carnais desejos ou a volúpias do impudor da mocidade. Desejar a vitória do seu time contra o arquirrival, o império do mal, implica alguma esperança de resultado favorável. Um 3 x 1 está bom. Mas impregnado nesse desejo vem o temor. De um resultado adverso. De uma goleada dos caras. De adormecer com a cabeça muito inchada.

Você tenta pensar positivo. Força a barra. Obriga-se a imaginar o triunfo do bem. Ou, pelo menos, do próprio bem. Do lado bom da força. Constrange-se a esperar mais do que temer. Mas, como essas coisas não dependem só da sua consciência, sempre pode vir à mente um gol dos ímpios, dos espúrios, dos pouco higiênicos, dos malcheirosos.

Em qualquer instante, um afeto exclui o seu contrário. Ou triunfa a esperança ou você se borra de medo. Para, no instante seguinte, ao sabor das oscilações da partida, dos movimentos dos jogadores, das reais chances de gol, do maior ou menor volume de jogo, o afeto contrário assumir a primazia.

E, assim, a alma flutua. Oscila. Hesita. Vem de lá pra cá e volta. Entre a quase certeza de que vai dar tudo certo e o medo de que tudo dê completamente errado. Não exatamente como um pêndulo. Porque seu time pode estar massacrando. E a vitória parcial confortável acaba, gol a gol, expulsando o temor da alma.

Ou o contrário. Mais frequente, até. Você já vai para o estádio com o coração apertado. E o desenrolar da peleja vai confirmando suas suspeitas. Jogada a jogada. Gol após gol. Seu time leva um chocolate histórico. Perde todas as divididas. É superado em força e disposição. Sem falar na grossura. Quanta gente ruim de bola com o mesmo uniforme. Onde foram buscar esses cabeças de bagre?

Desejo e ignorância

A esperança depende, portanto, da incerteza. Da ignorância a respeito da realidade esperada. Decorre de uma imaginação mais ou menos frágil. Que não dispõe do que precisa para se fortalecer. Em face de um real ainda não encontrado e, portanto, não percebido, resta conjecturar na penumbra.

Trata-se, assim, de um tipo — aplaudido por todos — de desencontro com o mundo. Vida vivida na mente. Que antecipa o mundo mais favorável.

O filme *A Vida Secreta de Walter Mitty*, de Ben Stiller, apresenta um protagonista sonhador em seu mundo imaginado. Os parágrafos a seguir contêm *spoilers*.

Walter Mitty é um homem dedicado à família e ao trabalho. Leva vida pacata. É inseguro. Está indeciso se aborda ou não a bela Cheryl, colega de trabalho que tem um perfil na mesma rede social. De tão tímido, hesita em enviar uma piscadinha para a moça — modo como as pessoas interagem na rede.

Quando, finalmente, se decide, um problema no administrador do site frustra sua iniciativa. Seu cotidiano desbotado vem à tona diariamente. A cada passo.

Para fugir do tédio, do vazio e da mesmice da rotina, entrega-se a devaneios. É um homem sonhador. Deixa a imaginação flutuar pelas situações mais heroicas. Em seus sonhos, toma atitudes decisivas. Assume as mais variadas personas, muito mais atraentes do que a sua figura real. Empreende viagens de aventura. Vive romances de cinema.

A trama sugere que suas elucubrações se converteram em poderosa arma contra o tédio de uma existência burocrática, presa a repetições. Fora delas, Mitty não viveu experiências nem para completar o cadastro do site de relacionamento.

Porém, quando seu trabalho é ameaçado e sua competência, colocada em dúvida, vê-se obrigado a sair da estagnação. Descer das nuvens. Enfrentar a realidade.

Mais do que mera transição ou mudança de postura, a atitude de Mitty será o início de uma nova forma de ver o mundo. Uma inusitada disposição existencial. Adquirida ao longo de uma jornada de viagens incríveis e momentos de autodescoberta que o levarão mais longe do que ele poderia imaginar.

Mitty é o responsável pelo departamento de arquivo e revelação de fotografias da tradicional revista *Life*. Esta deixará de ter uma versão impressa para oferecer apenas conteúdo on-line. Ele recebe do famoso fotógrafo Sean O'Connell um pacote contendo seus últimos negativos e uma carteira como presente: apreciação de um excelente trabalho de Mitty.

O pacote também contém uma fotografia especial, o negativo 25. "Quintessência" da *Life*. Deve ser utilizado para a última capa impressa da revista. Só que ele não acha esse negativo específico no pacote.

O desejo de encontrar o negativo o faz sair da inércia. Mitty, com o apoio de Cheryl, embarca em uma verdadeira odisseia bem-humorada. Usando os outros negativos como pistas, Mitty descobre que O'Connell está na Groenlândia.

Vai até lá para tentar encontrá-lo. Passa por situações inusitadas. Voa de helicóptero, com o piloto completamente bêbado. Pula em um mar revolto. Escapa do ataque de um tubarão. Foge de um vulcão na Islândia.

Mas a erupção decreta o fracasso da sua expedição. Forçado a voltar a Nova York, acaba demitido. Tristeza. Mitty vive sua primeira grande derrota profissional. Frustração imensa.

Depois de 16 anos de revista, muitas dificuldades e receios, Mitty acaba encontrando os negativos. Recebe polpuda indenização, sem mencionar o reconhecimento profissional reconquistado.

A força da trama está em apresentar com riqueza dramática a mudança do protagonista. Da maneira de pensar. De sentir. De decidir. De julgar. De viver. Mitty troca seu mundo puramente esperado por vida vivida. Por encontros. Experiências. Alegrias e tristezas. Assumindo a própria existência. As rédeas de sua trajetória.

Esse convite à vida feito por Ben Stiller denuncia a fragilidade do desalinhamento entre corpo e alma.

Entre o corpo e seus encontros e entre a alma e suas esperanças. Concepção vitalista e crua, compartilhada por Mario Quintana, para quem a esperança é um urubu pintado de verde.

Lá bem no alto do décimo segundo andar do Ano
Vive uma louca chamada Esperança
E ela pensa que quando todas as sirenas
Todas as buzinas
Todos os reco-recos tocarem
Atira-se
E
— ó delicioso voo!
Ela será encontrada miraculosamente incólume na
 calçada,
Outra vez criança...
E em torno dela indagará o povo:
— Como é teu nome, meninazinha de olhos verdes?
E ela lhes dirá
(É preciso dizer-lhes tudo de novo!)
Ela lhes dirá bem devagarinho, para que não esqueçam:
— O meu nome é ES-PE-RAN-ÇA*.

Redução da incerteza

Agora, concordemos. Incertezas não são estanques. Coisa de sim ou não. De preto ou branco. À medida que ela diminui, ainda que o real não seja completamente conhecido, vai desaparecendo o casal temor *versus* esperança.

Assim, voltando ao jogo, faltando poucos minutos para o apito final, a incerteza vai cedendo lugar a uma quase certeza. E a alma, por mais roxo e esperançoso que seja o torcedor, vai deixando de flutuar. É quando os perdedores vão deixando o

---

* Do livro *Nova antologia poética*, publicado em 1998.

estádio. Para escárnio dos vitoriosos. Que lhes acenam a mão em sinal de despedida.

Claro que até o último segundo tudo pode acontecer. Até o mais improvável.

A esperança e o temor nos lançam na incerteza sem fim. E possivelmente nela encontrarão sua origem. Uma imaginação substitui a outra de sinal contrário. Essa indefinição é asfixiante. Todo jogo é assim. A incerteza do desfecho lhe é essencial. Melhor mudar de canal. Uma novelinha vai bem de vez em quando.

Mas, enquanto o jogo não acaba, o resultado é futuro, é incerto. Portanto, esperado. Estado de suspensão em face do mundo, para uns insuportável. Para outros, um vício. Alegria dos cassinos e de seus donos.

Para Pascal, vivemos em tempos que não são os nossos. Com a alma pairando entre o passado e o futuro. Mario Quintana, em "Confusão", na mesma linha pascaliana, nos encanta novamente.

Essas duas tresloucadas, a Saudade e a Esperança, vivem ambas na casa do Presente, quando deveriam estar, é lógico, uma na casa do Passado, e a outra na do Futuro. Quanto ao Presente — ah! —, esse nunca está em casa*.

Busca da certeza futura

Você, então, pergunta: mas o desejo não pode vir acompanhado de alegria? Ou mesmo de tristeza?

No caso de não precisarmos mais imaginar. Quando o mundo desejado se encontra ali. Bem na frente. Nas mãos. Dentro da sacola de compras. Ou jurando amor eterno. Propondo namoro firme. Garantindo que vai com você para onde for.

Como canta Elis Regina em "Andança": "Por onde for quero ser seu par".

---

* Do livro *Para viver com poesia,* publicado em 2008.

Nesse caso, quando a incerteza é zero, a certeza do resultado da disputa pode se converter em alegria. Potência em alta. Vontade de sair correndo aos gritos. E se jogar de roupa na piscina.

Ou o contrário.

Quando o troféu já foi entregue ao adversário. Você levou um cano atrás do outro. Flagrou a desejada em amasso público e inequívoco com o ex. Foi informado de que o rival anunciou matrimônio. Que já tem onde morar. E até nome de filhos já discutiram.

Fim da incerteza. Tristeza. Potência no precipício. E ponto-final.

Pomada x Rimbaud

Dois homens disputam o coração de uma única mulher. Ambos lhe fazem a corte.

Cada um no seu estilo. O primeiro é graduado em administração, com MBA de prestígio. É formal. Metódico. De rotina impiedosa. Emprego fixo. Gerente, quase diretor. Cheio de metas pessoais. Diariamente na academia ao raiar do sol.

Convida a amada para almoços, peças de teatro, jantares em casa com colegas do escritório e até viagens internacionais em férias. Já tem aliança comprada para quando julgar oportuno o fatídico pedido.

O segundo é formado em letras e artes cênicas. Mais despojado. Menos preocupado com rituais cotidianos. Com o violão na mão, volta pra casa ao raiar do sol. Dorme quando rola. Vive cada dia e se diverte com isso. Reconciliado com o mundo. Desfruta do instante e não vê sentido em grandes projetos. Roda de poesia e bossa nova é o programa mais recorrente.

A cortejada se vê dilacerada. O primeiro pretendente lhe cobra uma definição. O segundo, nem tanto. Mas ela não se sente bem. Sempre quis apostar numa relação. Com um único parceiro. No fundo, gostaria que o executivo fosse menos pomada. E que o artista fosse um tiquinho mais comprometido com o ganha-pão de amanhã. Mas que não deixassem de ser quem são. E não perdessem suas virtudes.

Dividida, os desejos levam sua mente para os braços do segundo, na companhia do primeiro. E vice-versa. Pobre mulher. A flutuação da alma lhe tira o chão.

Quanto aos mancebos, gostariam de dispor da amada de uma vez. Sem ter que dividi-la. Compartilhá-la. Cada um deles ora supõe que a parada esteja ganha, ora tem certeza de que tudo tenha ido pro saco. É dura a vida na esperança.

Ela emite sinais confusos. Contraditórios. Excludentes entre si. Que correspondem ao seu espírito atormentado. Nada melhor do que definir aquela situação de uma vez. Para os três.

Certa disso, a jovem, cujo amor está em disputa, decide informar aos contendores sua decisão. Definitiva e irrevogável. O futuro diretor, executivo engravatado, é com quem pretende ficar para sempre e constituir família.

Porém, na hora do anúncio, é o contrário que lhe vem à mente. O nosso amigo da boêmia, fã de Rimbaud, foi quem, aos 45 do segundo tempo, tomou-lhe pela mão, articulou frase com infinito, oceano e constelações e arrebatou de vez todas as cordas de sua harpa afetiva.

Uma vez feito o anúncio, já não há mais que falar em desejo. Ao menos não daquela conquista. Terá, talvez, se convertido em alegria. Para o galanteador bem-sucedido, claro.

Já para o preterido, sobra a frustração. Que nada mais é do que o fim trágico do temor. Medo que acaba no cotovelo cheio de dor. O frustrado constata com certeza o que seu temor indicava em possibilidade. A não realização do desejo. Grau zero de esperança.

A frustração guarda em relação ao temor uma diferença clara. Este último pressupõe dúvida sobre os fatos. A imaginação temerosa constrói uma realidade possível. Correspondente ao que não desejamos. Já a frustração requer certeza a respeito desses mesmos fatos.

Assim, essa diferença entre ambos os afetos não é de grau ou de intensidade. Um nunca será o mais do outro. A certeza é o divisor dessas águas que não se misturam. Assertiva convicta sobre o mundo. Pensamento que exclui toda divergência, dúvida ou erro sobre como as coisas são. Portanto, havendo certeza, não pode haver nem esperança nem temor.

Agora, se o xavequeiro derrotado acreditar que uma reviravolta ainda seja possível nas inclinações da jovem que o preteriu, aí, sim, essa resiliente incerteza, e só ela, fomentará novas esperanças e novos temores.

Busca da certeza pretérita

Um acidente aéreo. Voo noturno. A aeronave some no oceano. No seu interior, muitos passageiros. Em meio a eles, pessoas que você ama. Desespero. Começam as buscas. Há esperança. Você cogita e elabora discursos sobre a possível sobrevida. Desejo de reencontro.

As notícias são imprecisas. Alguém teria visto onde a aeronave caiu. Bem próximo ao litoral do Rio Grande do Norte. A esperança aumenta. As buscas nada encontram no primeiro dia. A esperança diminui.

Observe, caro leitor. Os fatos já se produziram. Mas a incerteza permanece. Portanto, a esperança não é — apenas — consequência das dúvidas sobre o futuro. O passado, quando ainda desconhecido, também pode fomentá-la.

Até que a última notícia chega. Foi encontrada a aeronave. Destroçada. Ninguém sobreviveu. A certeza mata a esperança. E o temor. Advém a tristeza, acompanhada de frustração. Desejo impossível de reencontro.

Capítulo 5

"dou meu corpo ao seu desejo violento"*

• • • • • • •

A vida é um esforço. Um enfrentamento. Estar de boa, apenas um autoengano.

Comecemos por uma árvore. Imagine-a como quiser. Toda torta, como na vegetação desértica. Tronco que descola do chão e avança paralelo a ele, antes de subir um pouco. Ou ereta como um pinheiro-agulha. Imagine-a com muito para crescer ainda. Ou já exuberante, como uma paineira adulta, com tronco muito grosso. E raízes que levantam o asfalto. Como uma falsa seringueira. Ou ainda, se preferir, de grande fragilidade aparente. Dessas que qualquer um derruba só de encostar. Parreiras costumam ser assim.

Caso esteja com a imaginação preguiçosa, procure, então, uma árvore. Olhe para ela. Por alguns segundos a mais do que os relances do dia a dia. Se não estiver ventando muito, ela parecerá imóvel. Assim costuma se apresentar a nós. Seus movimentos são lentos demais para permitir algum flagrante. Ainda mais neste nosso mundo de hoje, onde tudo urge.

---
* Verso do poema "Ao lado do homem vou crescendo", de Alexandre O'Neill.

Pois bem. Essa árvore, tão presa ao solo, tão segura do espaço que ocupa, tão ali, duradouramente presente, pode não parecer, mas está em permanente esforço. Fazendo careta. Dentes cerrados. Em luta ininterrupta. Sem trégua.

— Mas luta para quê? Contra quem? — você pergunta.

Esforço para perseverar no ser

Ora, querido leitor. Para seguir vivendo. Continuar ali. Sendo o que é. Perseverar. Contra tudo que, não fazendo parte do próprio ser, possa ameaçá-la. Nada que a integre poderia diminuí-la. Ser-lhe contrário. Comprometer o seu ser arbóreo.

Todas as suas células operam em prol de si mesma. Impensável, de outra forma. Nenhuma contradição no ser. Cada pedacinho. Fazendo tudo que pode para continuar sendo pedacinho. Participando da planta toda. Integrando a árvore.

Ali. Naquele lugar. Perto da cabana.

Mas, e se não chover por um bom tempo? Pois, sabemos bem, ela resistirá quanto aguentar. E se outra árvore resolver se esticar vindo pra cima? Também haverá resistência. Às vezes um "olé". Uma esquiva. Como aquele cipreste. Quando a araucária toda cheia de folhas pontudas veio tirar satisfação.

E se os raios do sol só incidirem mais para cima? Por sobre a cabana, que está na frente? Nossa árvore, que tanto precisa da luz do sol, esticará o pescoço quanto puder. Fará de tudo para se alongar. Força para crescer. Lembro-me do mamoeiro que venceu o segundo andar em estatura. Pra finalmente sorrir. Em bronzeamento matinal.

A Yalta, cadelinha shitzu, esbarrava nas mudas ainda tenras. A parte mais agredida da planta saía de cena para facilitar a resistência do resto. Por falar nela, quanta saudade! No exato local onde foi enterrada, brotou um ipê-roxo. Que vem crescendo rápido. Para se tornar um ipê-roxo *accompli*. Realizado na sua "roxidez". Todo coberto com flores dessa cor.

Lagarto tinhoso

Yalta, em vida, travou duelos memoráveis com Leopoldo Enrico, um lagarto de quase 1 metro de comprimento. Que, sem muita cerimônia, entrava pela cabana. Com seu andar malevolente, raspando tudo no chão. Para desespero dos adultos e alegria da Natália. Visitas tão frequentes que lhe valeram um apelido, Leo.

Tudo neles era esforço para perseverar em seus seres. De cão e de lagarto. Respeitavam-se até se agredirem. Sabiam bem que cada um poderia colocar em xeque a condição do outro. Curiosamente, depois que Yalta morreu, com problemas no fígado, Leopoldo Enrico também sumiu.

Tanto o mamoeiro que procura o sol quanto o lagarto que enfrenta o cão se esforçam. Para se conservarem enquanto árvore e bicho. Para aumentarem suas potências. E esses esforços, de um e de outro, eram e sempre foram suas próprias essências. Daquele instante. Atualizadas.

Esforço de corpo e de alma

Mamoeiros e lagartos em luta. E nós também. Com tudo de que dispomos. Consta que temos uma arma só nossa. A razão. A inteligência. Podemos mapear o mundo. Classificá-lo. Organizá-lo na mente.

E não precisamos começar do zero. Outros já trabalharam por nós. Já sofreram por nós. Integramos a humanidade, que nos deixa legado. Como garante Alexandre O'Neill em "Mesa dos sonhos", "ao lado do homem vou crescendo"*. E vamos

---
* Poema "Mesa dos sonhos", em *Poesias completas e dispersos*, Assírio & Alvim, 2018.

mesmo crescendo e defendendo-nos da morte. Povoando a mente com o que nos faz bem.

Assim nos ensina Espinosa, sábio holandês do século XVII.

Esse esforço de cada qual para perseverar no seu ser não poderá ser nem menor nem maior do que é. Porque advém da potência de ser de cada um. Haverá os que consigam, num determinado instante da vida, se esforçar mais do que outros para continuar sendo o que são.

Mas essa comparação somos nós, enxeridos e desocupados, que estamos fazendo. Para quem vive, o esforço é aquele. Ao menos naquele instante. Nem maior nem menor que o de ninguém. Porque tudo é em si mesmo. E por si mesmo. Em essência. Nunca em relação a nada ou a ninguém outro.

Toda igualdade, diferença, superioridade ou inferioridade é coisa da nossa cabeça. Se acha a samambaia mais bonita do que o antúrio, nem um nem outro tem nada a ver com isso.

No mundo, tudo é o que é. Por si e para si.

Isso de melhor ou pior fica por conta dos poderes e vantagens, disputados a tapa, por interessados e autorizados a identificar os campeões, distribuir medalhas, inventar *rankings* e classificar pessoas e coisas, do jeito que lhes pareça mais favorável.

Quão intenso é o seu esforço?

Na luta para seguir adiante, vamos identificando lacunas. Constatando nossas fragilidades. E desejando tudo que possa nos ajudar. Uns precisam de mais. Outros nem tanto.

Assim, desejo sempre a presença de meus filhos. São peça-chave para o meu perseverar. Essa simples presença pode não bastar para outros pais. Clamam por atenção. Relação intensa. Atividades conjuntas.

Entre amantes, há quem não abra mão de proximidade radical. Grude completo. Atrito ininterrupto. E, por que não, alguma fusão. Ou *con*-fusão.

Quem nunca pensou, de tanto desejar, em ser um só com quem deseja?

Murilo Mendes, poeta admirável, também fala disso.

... Tua ternura e tua crueldade são iguais diante de mim
Porque eu amo tudo o que vem de ti.
Amo-te na tua miséria e na tua glória
E te amaria mais ainda se sofresses muito mais.

Caíste em fogo na minha vida de rebelado.
Sou insensível ao tempo — porque tu existes.
Eu sou fanático da tua pessoa,
Da tua graça, do teu espírito, do aparelhamento da tua vida.
Eu quisera formar uma unidade contigo
E me extinguir violentamente na febre da minha, da tua, da nossa poesia*.

Sou do time daqueles que garantem precisar de pouco para estar de boa. Como Peninha, em sua simples e delicada canção "Casinha Branca". "Eu queria ter na vida simplesmente um lugar de mato verde"**.

Detalhe: esse pouco lhe falta. Por isso, objeto do seu desejo mais profundo e sensível. A letra costuma encantar aqueles que, como eu, amam a vida na roça. Vivendo lá ou não. Mas

---
* "Poema do fanático", publicado na coletânea *Melhores poemas,* da Global Editora.
** Canção de Gilson e Joran, lançada no álbum *Gilson,* de 1979 (CBS).

nem todo mundo se segura só com casinhas brancas, varandas, quintais, janelas e sóis nascentes.

Na contramão de tanta singeleza, há quem avalie avaliar a pujança dos desejos pelo custo do movimento que nele se objetiva.

Em "Pétala", Djavan associa, com a genialidade poética habitual, sacrifício e desejo. Para ele, viver é todo sacrifício feito em seu nome. E, quanto mais deseja, mais vê "gosto" em viver.

Há muitos tipos de sacrifício. A distância percorrida para o encontro, por exemplo. As alegorias autorizam qualquer exagero.

Assim, muitos dirão a seus amados que mensurem o tamanho de seu desejo por terem vindo de muito longe. Atravessado oceanos. Cruzado céus e mares. Ido em direção a uma estrela qualquer. Buscado os anéis de Saturno. Agarrado-se em cometas ou meteoros. Percorrido a Via Láctea. Visitado o paraíso. Ou o inferno.

Afinal, se o desejo é movimento, cada quilômetro percorrido parece mesmo indicar a sua intensidade. Longas viagens, aventuras inóspitas, jornadas extenuantes costumam servir de garantia do desejo que se materializa naquele deslocamento.

Muitas vezes, a ênfase é colocada no tempo de movimento: "Foram dias e dias caminhando para lhe ver". "Vaguei pelo mundo durante anos para te encontrar." "Foram 22 horas dentro do avião, contando com as escalas, pensando neste momento."

Em "Amor Perfeito", canção de Sullivan e Massadas, o tempo para o encontro é a régua do desejo do outro.

"Cada minuto é muito tempo sem você"*, desabafo do poeta que conta o tempo pela régua da frustração do desejo.

Ah, o tempo... Tem um tipo que vai além de cada um de nós. Ponteiros do relógio. Tempo das agendas. Das convenções. Dos

---

* Canção de Michael Sullivan e Paulo Massadas, interpretada por Roberto Carlos no álbum *Roberto Carlos,* de 1986 (CBS).

astros. Dos dias e das horas. Tempo que permite comunicação, entendimento, encontro.

Mas tem outro tipo de tempo. Da alma de cada um. Tempo sentido. Vivido. Tempo que voa. Mas que também custa a passar. Ritmado pelas impressões. Pelos afetos. Pelos desejos. Daí a pressa. A urgência.

Toda satisfação cobra tempo. Da busca. Da inclinação. Da estratégia.

E o desejo não se conforma. Prazer já. Aqui e agora.

Como assegura Bruna Lombardi em "Devoção".

O desejo tem urgência, não espera,
Com aquela impaciência de fera
Enjaulada, se debate e quer agora.
É soberano, mandatório, é nosso rei,
Toda ordem dos desejos é lei.

Sem ele tudo perde o sentido
Nos enfraquece, nos adoece, mexe
Com todos os hormônios da nossa libido
Arrisca tudo, põe a perder, joga no pleno
Nunca deixa de querer e nem quer menos*.

Além da distância e do tempo, há quem queira dar uma ideia do tamanho do seu desejo pelas dificuldades enfrentadas nesse movimento em direção ao objeto desejado: intempéries, cancelamentos de voo, furtos, perda de documentos, o que dormiu no chão, na rua, por não ter onde se hospedar; fome, solidão, isolamento etc.

---

* Trecho do livro *Clímax*, de Bruna Lombardi, publicado pela Editora Sextante em 2017.

Destacando as adversidades nas grandes paixões, Milton Nascimento canta, com sua voz incomparável, "Caçador de Mim", composição de Sergio Magrão e Luiz Carlos Sá:

> Nada a temer senão o correr da luta
> Nada a fazer senão esquecer o medo
> Abrir o peito à força numa procura
> Fugir às armadilhas da mata escura...*

A odisseia de Ulisses

E, aqui, Ulisses, na história das narrativas do homem, parece mesmo imbatível. Desde a partida, em Troia, depois de derrotar os inimigos com a astúcia do cavalo de madeira, até a chegada definitiva às praias de Ítaca, nos braços de Penélope, Ulisses viveu, de fato, uma verdadeira odisseia.

Na iminência do regresso em triunfo, já podendo ver com nitidez as praias de sua ilha, foi atingido por violenta borrasca, que durou sete dias e sete noites. Ocorrência que o distanciou de seu destino.

Na sequência, foi parar na ilha dos Ciclopes, monstros enormes de um único olho central. Lá, teve que usar da astúcia para cegar Polifemo e, assim, desvencilhar-se daquele que, certamente, o mataria.

Ocorre que a beldade monocular, ora tolhida de toda visão, era filho de Poseidon, deus dos mares. Pai vingativo, não facilitaria a vida do nosso herói Ulisses, ilhéu de carteirinha.

Na ilha dos eólios, recebeu precioso presente: a origem de todos os ventos, num cantil. A proteção contra toda ventania perturbadora estava agora assegurada.

---

* Do álbum *Caçador de Mim*, de Milton Nascimento, lançado em 1981 (Ariola).

Mas seus marinheiros, quando Ítaca novamente era avistada, se precipitaram: destaparam o cantil, ensejando intempérie sem precedentes. E o vencedor dos troianos se viu, mais uma vez, impossibilitado de voltar pra casa.

Na ilha de Calipso, foram sete anos em companhia de uma belíssima deusa em pleno fervor sexual. A despeito do prazer e da comodidade aparentes, chorava diariamente voltado para Ítaca.

Sua anfitriã, intimada por Zeus a libertá-lo, tenta uma última carta. A proposta lhe parecia irrecusável: imortalidade e juventude, caso decidisse permanecer por lá.

Como você vê, não faltaram obstáculos, dificuldades, adversários e propostas tentadoras para afastar Ulisses dos seus. Dessa forma, este pôde, ao finalmente chegar em casa, avaliar e comunicar o tamanho do seu desejo pela odisseia que lhe tocou encarar.

Esforço de Ulisses. Esforço de todos nós. Para perseverar. Resistir. Continuar sendo. É como se toda a energia do mundo fosse Deus. Essa que me ajuda com as palavras, combustível para o pensamento; a sua, que lê e atribui sentido; e a de qualquer um. Não passam de gotas. Cheias de si. No oceano da divindade.

Um fragmento em trânsito. Do nada para nenhum lugar. Sem finalidade alguma para estar ali. Animando consciências que se acham. Integrando um Deus que é o que é. Que não criou nada nem ninguém. Por já ser o todo de criadores e criaturas.

Como poetiza Álvaro de Campos, um dos Fernandos Pessoas a que temos direito, em "O ter deveres".

O ter deveres, que prolixa coisa!
Agora tenho eu que estar à uma menos cinco
Na Estação do Rossio, tabuleiro superior — despedida
Do amigo que vai no "Sud Express" de toda a gente
Para onde toda a gente vai, o Paris...

Tenho que lá estar
E acreditem, o cansaço antecipado é tão grande
Que, se o "Sud Express" soubesse, descarrilava...

Brincadeira de crianças?
Não, descarrilava a valer...
Que leve a minha vida dentro, arre, quando descarrile!...

Tenho desejo forte,
E o meu desejo, porque é forte, entra na substância do mundo.

Mas, se não há nada no ser que puxa o próprio tapete e dá de ombros para perseverar nele mesmo, de onde vem sua deterioração, corrupção e morte? Bem. A resposta é bem óbvia. Se não vem do próprio ser, de nada dentro dele, então é porque vem do que lhe é exterior. Vem de fora. Do mundo.
Só pode ser.

Capítulo 6

"FICAR NA TERRA E HUMANAMENTE AMAR"*

● ● ● ● ● ● ●

Estamos sempre em relação com outras coisas. Não há vida, nem por um instante, que não seja na relação entre quem a vive e algum fragmento de realidade que o afeta e é afetada por ele. Se vida houvesse sem relação, seria eterna. Sem tempo, sem acontecimentos. Sem deterioração.

Como não é o caso, assumamos nossa condição. Vida em relação. Em que consiste viver desse jeito? Melhor começar do começo. Com Adão e Eva. Bem, nem tão do começo assim. Melhor com João e Maria. Se João se relaciona com Maria, é porque a afeta e por ela é afetado.

Havendo afeto, há, antes de mais nada, transformação. Mudança. Assim, vivendo em relação, vamos todos deixando de ser. Instante a instante. Em função do mundo que vai nos afetando. Sem um segundinho de trégua. Nem de permanência. Da maternidade à cova. Talvez desde antes. Já nos carinhos uterinos.

---

* Verso do poema "Ao coração que sofre", de Olavo Bilac.

Por isso, aquilo que somos hoje resulta de anos de afetação por mundos que nos tocou encarar. Tudo poderia ter sido tão diferente. Outro país. Outra sociedade. Outras pessoas. Outra família. Outra casa. Outra escola. Em qualquer um desses casos, seríamos hoje muito pouco do que somos.

Dá uma sensação de falta de sorte. Ahhh! No lugar de ter nascido aqui, bem que eu poderia ter vindo ao mundo por outro lugar! Outro país. Outra cidade. Bairro. Como teria sido melhor se fosse diferente desde o começo! Outra família, pais e irmãos, vizinhos...

Com sinceridade, caro leitor, é difícil saber. Mas lembre-se: nunca sentimos as tristezas das vidas não vividas. Comparar encontros vividos — na vida que escolhemos para nós — com a simples imaginação daquelas que preterimos é tão insensato quanto se perguntar sobre o valor comparativo de um preservativo em face de um liquidificador.

Talvez por isso recomende Fernando Pessoa, por Ricardo Reis:

Segue o teu destino
Rega as tuas plantas
Ama as tuas rosas
O resto é a sombra
De árvores alheias...

Nada seria como é

Falávamos da vida em relação. Pois bem. Se o mundo nos afeta, nós também não deixamos barato. E vamos devolvendo. Mas quase nunca na mesma moeda. Afinal, quando começamos a existir, ele já estava aí de velho. E tem um poder de fogo para nos afetar que faz pó de nossas iniciativas.

Na mesma proporção da força que tem a terra para nos atrair quando comparada à que temos nós, com nosso corpitcho, para atraí-la.

Apesar dessa desproporção de meios, nada no mundo seria como é se não fôssemos quem somos. Agíssemos como agimos. Vivêssemos como vivemos. Pelo mero fato de existir, já temos que ser considerados. Nem que seja oito casas depois da vírgula.

Você parece não concordar muito. "Como assim? Nada no mundo seria como é se não estivéssemos nele?"

Ora. Acompanhe esta cena do nosso cotidiano. A vendedora informa o preço do quiabo na feira. Porque você lhe perguntou. A resposta dela é efeito estrito da sua presença. Da sua pergunta.

Prestando atenção na conversa, o cliente ao lado se interessa pelo preço. E acaba ele comprando o cobiçado legume. Vai comer um quiabo que sem a sua presença e pergunta jamais comeria.

Alguém na casa dele odeia quiabo. E vai fazer um escândalo na hora da refeição. Gerando um conflito familiar. As agressões de parte a parte conduzem a uma ruptura. "Aqui não fico mais."

Daí para a frente, a sequência pode nos escapar. Mas a cadeia de causas e efeitos será eterna e infinita. Porque assim é o universo, querido leitor.

Enquanto parte integrante, você morrerá certamente. Mas os efeitos da sua vida vivida lhe sobreviverão. Integrados ao todo. Em autêntico legado.

E olha que a pretensão ao abordar o feirante era saber a quantas andava o quilo do quiabo.

Você aqui talvez esteja sentindo o peso da responsabilidade. De ter transformado o mundo desde que nasceu, sem nunca ter dado muita bola pra isso. Participado, na mais absoluta inconsequência, da sua ininterrupta conversão. De ter feito existir, pela sua mera presença, coisas que não existiriam. Sem sequer se dar conta.

E então, você, que não gosta de causar, que tem perfil discreto e procura não se fazer notar, ao saber disso entra em parafuso. Uma família desagregada. Gente abandonando seu lar.

— Meu Deus. Mas eu não quero transformar nada. Eu mesmo nem comprei o quiabo. Estava pela hora da morte. Quero que me esqueçam.

Flagrante fatídico

Calma. Pense comigo. Pelo mero fato de estar ali parado, feito estátua, constrange o universo a acomodações. Obriga quem por ali passar a dar a volta. Ao fazê-lo, Joel Figueiredo colide forte o joelho direito com a lixeira. Agora amassada. Apequenamento mútuo.

Sem conseguir andar direito, resolve voltar mais cedo para casa. Regresso bem excepcional. Que permitiu o fatídico flagrante.

Não perca a conta. Tudo porque você se encontrava parado ali.

Fatídico e fatal. No próprio leito. Da esposa com o melhor amigo. Daqueles amigos de fazer xixi cruzado, desde a infância. O "Nabo". Porque muito branco e comprido.

Leito de morte para os adultos. Prisão para o assassino Joel. Não houve, segundo o júri, honra alguma a defender legitimamente. Filhos pequenos sem pais. Assim, de repente.

Vai vendo!!! O efeito estátua.

Carlota, a mãe do assassino, cozinheira de mão cheia, não suporta o desgosto. Morta pelas próprias mãos. E pelo facão. Que lhe valera o ofício da vida e alguma fama. Ali no Brioche d'Alsace. Que sempre serviu o melhor *coq au vin* da cidade.

Quer que eu continue? Sem Carlota, o restaurante faliu. E os garçons? Se continuarmos investigando, a narrativa nunca acabará.

E tudo isso só porque você não quis dar licença ao Joel.

Se quieto e parado você já causou desse jeito, imagine falante e cheio de iniciativa. Quem fala modifica consciências. Quem se desloca impõe sua presença em tudo que é lugar.

Lençóis Maranhenses

Você, que não almeja nada disso, continua quieto e parado. Desta vez na praia. Beira-mar aprazível. Agora, sim. Você tem a impressão de não afetar ninguém. De não transformar nada. Situação na qual, com você ou sem você, o mundo permanecerá como é.

Engano. Que não é ledo. Porque ledos enganos são típicos de gente previsível e sem graça. De tanto ficar parado ali, no mesmo lugar, você pode não ter se dado conta. Mas bem atrás foi se formando uma duna. Que se agigantava. Se desmembrava. Superando rapidamente sua causa em altura e extensão. Tudo isso em Barreirinhas.

E você, quieto e parado, desta feita mudou o relevo do local. Como também os ventos. E, portanto, o clima de toda a região. Fez surgir vegetação que sem a duna não se adaptaria. Nos seus platôs, pequenas lagoas. Que atraíram mais e mais turistas.

Para atendê-los, um comércio de *buggies*. Venda de pranchas para a prática do skibunda. Rede hoteleira. Mercado de trabalho para o pessoal do turismo. E também da publicidade. Estudos acadêmicos sobre o impacto no meio ambiente. Bandeiras de ONGs defensoras da sustentabilidade do planeta.

E você, perplexo, foge correndo. Aos gritos. Sofrendo. Por nunca ter pretendido assumir a responsabilidade de cocriador do mundo. Que sempre foi a sua. Advinda da simples existência. Mesmo calada e parada. Desde que nasceu.

Medida de todas as coisas

Já os efeitos que o mundo produz em nós, bem, sobre esses, supostamente, sabemos um pouco mais. Afinal, quando a quina da cama encontra a canela num dia frio, não tem como não notar. O efeito objetivo pode ser uma pequena fratura. Flagrada por algum raio X.

Além dela, nosso corpo traduz o que aconteceu. Propõe, para aquela ocorrência, uma interpretação. A dor. Inequívoca. Cristalina. Vivida. Viva. Ali mesmo. Na canela. *Páthos*, em grego. Efeito produzido no nosso corpo pelo que lhe é exterior. Paixões, dizemos nós. Como essa dor aí. Exemplo de manual.

Mas nem tudo no mundo é quina. Há quem arredonde. Acaricie o rosto. Faça um cafuné nos cabelos. Em os havendo, claro. Abraço em volta do tronco. Beijo na boca. Afago pelo corpo inteiro. Toque genital.

Nesses casos, as partes tocadas aplaudem. Suas subpartes se agitam. A temperatura local aumenta. E, no lugar da dor, o seu contrário. A excitação.

O mundo exterior não precisa encostar em nós para nos afetar. Assim, o que vemos, um corpo, uma paisagem, o que ouvimos, uma sinfonia, um grito, uma ameaça, tudo isso também nos afeta. Excita e machuca.

Claro que, na visão, a luz chega à nossa retina. E o mundo se vê refletido. Quanto aos ruídos, são as ondas sonoras que fazem o papel. Fazendo vibrar os tímpanos.

Nos dois casos, acaba havendo contato. Mas você, leitor, me entendeu bem. Tato é tato. Se as paisagens, as pinturas, as músicas, a sirene da ambulância e tantas outras coisas não são feitas pra pegar, existe, por outro lado, o mundo que só conhecemos no atrito.

E no roçar, a mucosa se agiganta. O muco que abunda também meleca. Reduzindo o atrito esfolado. E anunciando o prazer que vem vindo. Em ritmo acelerado.

Nos trilhos da locomotiva feita para descarrilhar. A batida das engrenagens que o óleo não deixa ferir. Vai abrindo passagem na mata estreita. Até finalmente chegar. Arfando em descontrole. Bem na frente da estação, por onde só passa uma vez.

O mundo nele mesmo, não sabemos bem do que se trata. Mas, quando em relação conosco, aí, sim. Começamos a sentir e a entender que tipo de efeito é capaz de produzir sobre nós. Talvez por isso, o sofista tenha insistido que o homem é a medida de todas as coisas. Ou Platão por ele.

A luta pela potência é essencial, dizíamos. É a própria essência de quem vive. Por isso, tudo que a afeta tem valor. Muito valor. Talvez todo o valor. Fragmentos de mundo que, na relação, ora potencializam, ora o contrário.

Raissa quer ser feliz

Assim Raissa, minha filha do meio, encontra sua melhor amiga. Na sua duração, passa para um estado mais potente de si mesma. De seu próprio ser.

Em relação com Raissa, sua amiga a transformou. De um jeito indiscutivelmente bom. Enchendo-a de vida. A amiga proporciona a Raissa o que há de melhor. O máximo que poderia proporcionar. Potência de agir. Energia existencial.

É normal que queira sua companhia. Que a convide para vir em casa. Que a apresente aos amigos. Que se empenhe em alegrá-la. Para que fique por perto. Porque Raissa quer e precisa do efeito que a amiga produz sobre ela. De vontade de viver. De sentir-se bem. De encorajamento em face dos problemas.

A fala atribuída a Nietzsche no livro *Quando Nietzsche chorou* dá conta com genialidade do que nos esfalfamos com mediocridade para explicar.

Jamais alguém fez algo totalmente para os outros. Todo amor é amor-próprio. Pense naqueles que você ama: cave profundamente e verá que não ama a eles; ama as sensações agradáveis que esse amor produz em você! Você ama o desejo, não o desejado*.

Se na amizade o esforço pela presença do outro já é intenso, nas relações amorosas, pela mesma razão, ainda mais.

Como nos conta com delicadeza Gê Muniz em "Ouça: quero ver você". Queremos estar perto do nosso objeto de desejo "Antes que o amor de amor [nos] mate". Com urgência. Antes de a vida acabar.

Voltemos à amizade das duas. Raissa também agiu sobre a amiga. Afetou-a. Não tem certeza de como. E não vai adiantar perguntar. Ela nada sabe. Nem pode saber. Tudo que tem são os discursos dela.

Mas seus sentimentos, os da amiga, estes são vividos por ela e só por ela. Que os sente e ponto final. Raissa nunca os sentirá. Fica com as palavras, que asseguram gratidão. E prometem amizade duradoura. Só resta confiar.

Afetos passam batido

A imensa parte do mundo que nos afeta o faz sem a correspondente consciência de nossa parte. Agora mesmo. Encontro-me em Porto Alegre, na recepção de um hotel, esperando minha hora de palestrar. Enquanto não chega, aproveito para avançar nas páginas do *Desejo*.

O sofá me cutuca. O chão também. A música está lá. Desde que cheguei. Não parou de passar gente. Ligaram e desligaram a televisão algumas vezes. Pois todos esses estímulos teriam passado despercebidos se eu não tivesse que escrever sobre eles. Apresentá-los a vocês, leitores.

Ah, se tivéssemos mais consciência do mundo que vai nos afetando. E como o faz! Que transformação suscita em nós. Du-

---
* Trecho do livro *Quando Nietzsche chorou*, Editora HarperCollins, 2016.

rante quanto tempo. Se pudéssemos diagnosticar com precisão tudo que nos fez bem. Que contribuiu conosco. Ajudando-nos a resistir. A perseverar. Estaríamos mais preparados para o devir. Indo mais direto atrás do que importa encontrar.

Olavo Bilac garante nunca se envergonhar de seus afetos e de seus amores. Prefere ficar na terra e humanamente amar.

Ao coração que sofre, separado
Do teu, no exílio em que a chorar me vejo,
Não basta o afeto simples e sagrado

Com que das desventuras me protejo.

Não me basta saber que sou amado,
Nem só desejo o teu amor: Desejo
Ter nos braços teu corpo delicado,
Ter na boca a doçura de teu beijo.

E as justas ambições que me consomem
Não me envergonham: Pois maior baixeza
Não há que a terra pelo céu trocar;

E mais eleva o coração de um homem
Ser de homem sempre e, na maior pureza,
Ficar na terra e humanamente amar*.

A mesma inteligência prática que nos faculta a aproximação do amado ajuda a driblar mais eficazmente tudo que pode nos apequenar, fazer mal.

---

* "Ao coração que sofre."

Mas o certo é que a vida segue. No ineditismo de cada instante. E a consciência que temos das relações com o mundo é irrisória. Insignificante. E pobre. Em extensão e profundidade.

Desejo temerário

Essa pobreza torna o desejo temerário. Afinal, todo objeto desejado supõe, por parte de quem o deseja, alguma ideia do efeito que, no caso da posse, lhe venha advir.

Se você, leitor, deseja encontrar-se com um colega de trabalho fora dali, em cenário distante da funcionalidade laboral, é porque supõe que a relação que pode advir desse encontro produza efeitos potencializadores, energizantes. Que o ajudem na batalha da vida.

Mas de onde você tirou essa ideia?

A suposição é mais do que arriscada. Você se baseia no que já viveu e sentiu. Toma uma microparte de um passado compartilhado e infere que terá mais do mesmo. Ou ainda melhor.

E olha que você não é do tipo precipitado. Que com dois encontros noturnos já propõe matrimônio para sempre. Nada disso. Já são meses de interação. Quase sempre reconfortante. Apaziguadora. Tranquilizadora. E divertida.

Ora, a imaginação faz suas inferências. É seu direito. Se no trabalho é assim, no cinema ou num jantar será ainda melhor.

Esse encontro tornou-se objeto do seu desejo. Você já o concebeu várias vezes. Em distintos cenários. Com múltiplos encaminhamentos de conversa.

Mas, então, onde está o risco?

Está no mundo que se esconde por trás de uma pessoa e do seu nome. Quando alguém manda por WhatsApp um "te amo", um mundaréu de dúvidas aparece na hora. De cara, a palavra "amor" corresponderia a qual sensação exatamente?

Como se não bastasse essa primeira dificuldade, vem outra em seguida. O "te". Dizer que tu és o objeto do meu amor exige mais esclarecimentos. A que estará exatamente se referindo? Porque o "tu" corresponde a tanta coisa. O que dentro desse "tu" será o real objeto do amor do amante?

Dizer que a presença de Carlos faz bem a Helena, a de Tomás a Carol ou a Asdrúbal são afirmações para lá de imprecisas. Ainda que inscritas no mais trivial cotidiano. Isso porque esses nomes próprios correspondem a realidades supercomplexas. Uma imensa pluralidade de atributos. Por vezes de valores pouco compatíveis.

Ligados, por exemplo, ao corpo. Como a extensão das partes. A topografia das carnes. A cor dos olhos. Ligados também ao humor. Como a leveza das proposições. O espírito espirituoso. À moral. Como o respeito, mais ou menos flexível, a princípios de conduta. Ligados às virtudes. Como a coragem. A determinação. Ligados à comunicação. Como a facilidade para se expressar. Ou a forma de se vestir.

Vixe. Nossa sorte é que a divisão do texto em parágrafos nos impõe limites. Porque isto aqui não tem fim. Daí a famosa pergunta do pai, irmão ou namorado traído:

— Mas o que foi que você viu naquele imbecil?

Ou mesmo a pergunta:

— O que foi que você viu em mim?

Pergunta típica dos pretendentes de baixa autoestima aos *crushes* ricos em capital estético. Afinal, exceto os sem-noção de carteirinha, todos aprendemos faz tempo quanto de areia comporta nosso caminhãozinho.

Capítulo 7

"EM TODAS AS RUAS TE PERCO"*

• • • • • • •

— Fica quieto, moleque!

Foi o pai, já irritado, que gritou. E não foi para o filho traquinas parar de falar. A expressão foi utilizada num outro sentido. Para que o garoto parasse. Aquela correria em volta da mesa. Ninguém aguentava mais.

— Para já, Luís Otávio! Você não ouviu o seu pai?

A mãe, mais rigorosa no uso das palavras, enuncia com maior clareza o que esperavam do garoto. Que ele cessasse o movimento. O deslocamento, ininterrupto e perturbador. Ora. Aqui nos perguntamos: poderá a criança atender à solicitação dos pais?

Sim, responde qualquer um. Ela está agitada. Perseguindo Luís Gustavo, seu irmão. Clássico pega-pega. E, por conta da bronca, pode, por exemplo, sentar-se. Comportadamente. Para se entreter com algo no celular. Dar um pouco de sossego aos pais.

---

* Verso do poema "Em todas as ruas te encontro", de Mário Cesariny, do livro *Pena capital*, publicado originalmente em 1957.

A mesa da festa de aniversário ainda estava vazia. Alguém coloca o bolo de chocolate no seu centro. Com granulado em cima. E algumas bolotas de brigadeiro. Espessa cobertura. É nesse momento que os dois gulosos Luíses se inclinam. Antes do bolo, encontravam-se em volta da mesa. Verticais. Perpendiculares ao solo.

Para muitos, desde a antiguidade, desejo é movimento. Um movimento de aproximação do objeto desejado. Podemos imaginar os dois irmãos correndo em direção à bola. Uma bola de plástico, colorida, que primeiro lhes chama a atenção. E, depois, lhes atrai.

Podemos, também, imaginar, num dia de sol e muito calor, uma jovem que se precipita da areia da praia nas ondas do mar. Ou, ainda, aquele que entra apressadamente na loja para adquirir a última geração de *smartphone*. Que lhe permitirá fotos ainda mais vivas. Filmes mais realistas. A comunicação perfeita.

O movimento do braço que levanta o copo cheio de cerveja gelada em direção à boca. E aquele que volta de longe, antecipa o voo, acelera o passo no aeroporto, pede ao taxista que corra para encontrar mais rápido a sua amada. Um tipo particular de desejo que tem por objeto a pessoa que nos atrai.

Movimento e desejo

Parece haver, imbricada em todo movimento do corpo, alguma forma de desejo. Uma vida absolutamente plena seria estática. Pétrea. Cadavérica. Carente de si mesma.

Mesmo o monge, que medita boa parte do tempo, se movimenta em direção ao templo. Porque deseja meditar mais. Esquenta a água para o chá. Porque deseja aquecer a goela. Afasta-se de quem faz ruído. Porque deseja o silêncio.

Para um observador externo, todo movimento de uma pessoa indica algum desejo seu. O responsável pela limpeza observa o viajante ingressar apressado no banheiro. E deduz, desse movimento, urgente desejo evacuativo. As imagens da TV flagram indivíduos uniformizados, nas arquibancadas, pulando juntos. E todos supõem o desejo comum de vitória da equipe pela qual torcem.

Talvez por isso, Leonardo da Vinci considerava o objetivo mais alto do artista exprimir na fisionomia e nos movimentos do corpo as paixões da alma. Alegria, tristeza, temor, dor, excitação. Mas também o desejo. Nosso afeto rei. O único dentre todos que não nos abandona nunca.

Mas, se desejo é movimento, qual é seu motor? Que força intervém sobre o corpo e o desloca em direção ao objeto desejado?

Goiabada não tem braços

Quando uma bola de sinuca bate na outra, a segunda atingida pela primeira encontrava-se em repouso e, por causa do choque, entra em movimento. Nesse caso, identificamos com certa facilidade a causa do movimento da bola atingida.

Porém, quando o objeto desejado encontra-se longe, e nos precipitamos, a passos largos, em sua direção, a força que nos move é menos fácil de identificar. Ninguém nos empurra de fora.

Pelo contrário. "Me vem uma coisa de dentro!", dizia sempre a estupenda Arlete Salles, pela personagem Copélia, em *Toma Lá, Dá Cá*, referindo-se à inclinação ininterrupta por intimidades com seus amantes.

A goiabada cascão, cremosa, coberta para evitar insetos, invade minha mente. E pede ajuda ao requeijão da geladeira. Os dois, juntos, me arrancam da poltrona do quarto. De onde escrevo as linhas que seguem e outras do passado. Muitos passos até a cozinha. Nenhuma força exterior. Nada me puxa. Goiabada não tem braços.

Com a mesma inquietação, Ângela Sabbag se pergunta: "Quem estará a controlar meus movimentos?"

> Já haverá minh'alma deixado o meu corpo?
> Quem estará a controlar meus movimentos?
> Sou agora apenas um fantoche,
> Um bocado de tecido sem enchimento...
> Fluo,
> Escorro,
> Esvaio,
> Completamente vazia de mim eu saio.

Da mesma forma, quando cortamos com volúpia um pedaço de carne, espetamos com o garfo e o trazemos em direção à boca, também não fica claro de onde vem tanta energia. O que dizer, então, do casal que acaba de entrar no motel, no auge dos hormônios, e que se despe em fúria?

Que bola é essa, que de dentro da outra, a põe em movimento?

Movimento e falta

Para Platão, todos os desejos provêm de uma sensação. Desagradável. Desprazerosa. Por vezes dolorosa. E essa sensação é de um vazio. O exemplo clássico é a fome. A causa do desejo pelo alimento está no vazio sentido em si mesmo. Vazio de bucho. Falta de alimento. Lacuna estomacal.

Todo aquele que sente algum vazio em si mesmo passa a desejar, a partir daquele instante, o contrário do que sente. Vazio que faz desejar o preenchimento, isto é, o seu fim. Assim, ainda para Platão, todo desejo provém de uma falta e do sofrimento por ela causado.

Puxando o novelo desse pensamento, o desejo consistiria num movimento gerado pelo vazio doloroso percebido em si mesmo. Que busca seu desaparecimento. Seu preenchimento. Persegue, portanto, por meio da iniciativa de quem deseja, a eliminação da sua condição. Autodestrutivo, portanto.

Desejo suicida!

Com essa pegada, a nossa Hilda Hilst se pergunta: o que é o desejo?

Quem és? Perguntei ao desejo.
Respondeu: lava. Depois pó. Depois nada*.

Ora, lava é palavra que aqui indica a energia das altas temperaturas. Indica movimento. Ebulição. Explosão. Assim, a lava é sempre a parte visível de uma reacomodação poderosa das forças do mundo, que já não podem mais ficar onde estão. E acabam ejetadas pelos ares ou em deslizamento devastador sobre as terras.

A lava se assenta, depois de quase tudo destruir e tornar pó. Quando em temperatura mais baixa, em menos movimento, à mercê do vento que só leva o mais leve. E, depois, o desejo é inexoravelmente nada porque desaparece na sua satisfação ou na sua frustração.

Movimento e imaginação

Mas ainda caberia a pergunta: Como o nada ou o vazio pode ser a causa de um movimento?

---

* Da série "Do desejo", publicada em livro homônimo de 1992.

Em resposta, Platão esclarece que o desejo só se produz se esse vazio vem acompanhado de uma ideia, de um conteúdo de consciência, de uma imaginação.

Dessa forma, o que move a criança em direção ao bolo não é nem o bolo nem o vazio do seu estômago, mas, sim, certa ideia ou imagem que sua mente produz a partir de sua fome e da percepção do bolo. Essa imagem, em primeiro lugar, deve constatar a falta, o vazio. Em seguida, o sofrimento que dela decorre.

Tal imagem também deve identificar uma solução para o preenchimento. Produção inventiva da mente que traz presença. Substitutiva daquela falta. O duro, depois, é achar no mundo algo ou alguém que tenha a ver com o que tínhamos inventado.

Como dizia Cazuza:

O nosso amor a gente inventa
Pra se distrair
E quando acaba, a gente pensa
Que ele nunca existiu...*

Assim, para Platão, o desejo — que é o movimento do corpo — tem como causa a nossa imaginação e, portanto, uma produção da nossa alma.

Indo nessa toada, não haveria que falar do desejo como simples manifestação do corpo. Tampouco como exclusiva produção imaginativa da alma. O desejo só se completaria com a participação de ambos. Sempre segundo Platão.

A filosofia moderna do século XVII também se interessou em especial pelos movimentos do nosso corpo. Como Hobbes, no superbadalado *Leviatã* de 1651.

---

* "O nosso amor a gente inventa (uma história romântica)", canção de Rogério Meanda, Cazuza e Rebouças, faixa do álbum *Só Se For a Dois*, lançado em 1992 (Philips).

Segundo esse extraordinário pensador inglês, particularmente reconhecido por pensar o Estado e a política, todos experimentamos dois tipos de movimentos.

Movimentos vitais

O primeiro tipo nos acompanha desde a concepção. Hobbes os denomina movimentos vitais. Porque inerentes à vida. Jamais cessariam nos irmãos Luís. Ou em qualquer um de nós. É inútil mandar ficar quieto.

Tais movimentos não cessam nem quando os anjinhos finalmente pegam no sono. Só na morte, o que, para os peralvilhos do exemplo, tardará toda uma vida.

Melhor seria denominá-los involuntários. Como o fluxo sanguíneo. Do ar. Dos alimentos. Da linfa. Todos no interior do nosso corpo. Nenhum desses movimentos involuntários requer a participação do espírito. Da mente. Da imaginação.

Tampouco resultam de decisão, deliberação ou escolha. Estão completamente fora do campo da moral. Movimentos de piloto automático. Comandados por um tal sistema nervoso parassimpático. Dispensam o comando da sua consciência.

Isso não significa que não se possa pensar sobre eles. Imaginar o que quiser. Elucubrar sobre cada um. Decorar teorias. Fazer prova de biologia. Se for profissional da área da saúde, fará diagnósticos. Discutirá com colegas. Ministrará medicamentos. Tudo isso usando a mente, o espírito.

Nada o impede também de sair correndo em urgência máxima para ir ao banheiro. Com a certeza de que tanto apuro só poderia decorrer de inconsistência fecal em grau cinco.

A mente pondera sobre os movimentos peristálticos e seus desajustes. Assim, você sai do banheiro todo constrangido, anunciando que não deu tempo. Que o estrago foi grande.

Nada impede também que te ajudem a encontrar a causa daquela diarreia.

Há também quem diga intervir, pela imaginação, sobre a digestão, respiração, peristaltismo etc. Também deve ser possível reduzir o batimento cardíaco em plena meditação. Maravilha. Sobretudo se contribuir para uma vida mais feliz.

Perceba que, nos últimos três parágrafos, demos exemplos de movimentos involuntários sendo objeto das atividades do espírito. Da reflexão, da cogitação etc. Mas o que precisa ficar claro é que, apesar dessa conjectura toda, nem o sangue, nem o ar, nem o alimento ou qualquer outro movimento desse tipo precisa da imaginação para acontecer.

Esses movimentos, ditos vitais, podem se produzir no interior de cada um de nós, ao longo de uma vida inteira, sem que nunca tenhamos dado bola para eles. É o que provavelmente acontece com os outros animais.

Por essas e por outras, esses movimentos nada têm a ver com desejo.

Movimento voluntário

O outro tipo de movimento, Hobbes vai denominá-lo animal. Preferimos a nomenclatura movimento voluntário. Como caminhar, correr, nadar. E também falar e escrever. Mover uma parte do nosso corpo. De forma tal que tenha sido previamente concebida em nossa mente.

Para Hobbes, esses movimentos, contrariamente aos involuntários, dependem sempre de um pensamento que os precede. Tudo começaria com algum conteúdo de consciência imaginada. Movimentos originalmente vividos no espírito e só depois empreendidos pelo corpo. Assim, passaria pela nossa cabeça, antes de tudo, seu sentido, direção, percurso, destino, finalidade etc.

No refeitório da firma, em volta do *buffet*, na hora do almoço, o pensamento e o braço fazem uma dupla incansável.

— Isso parece duro. Aquilo tem gosto ruim. Já peguei carboidrato. Ou arroz ou batata. Uma proteína agora. Frango? Xi. Você não viu a reportagem? O que comem nas granjas? O creme de milho daqui é o ponto alto. Com o filé de frango à milanesa, fica dos deuses.

— Peixe é arriscado com esse calor. Se tivéssemos certeza de estar fresco. Nada como comer à beira-mar. Bem. A costelinha suína parece apetitosa. Ainda mais com esse molho *barbecue*. Adoro mistura de salgado e doce. Ouvi dizer que carne de porco tem pouco colesterol.

Quantas frases produzidas pela mente. Nenhuma verbalizada. Condição, para Hobbes, de todo movimento voluntário. Que só aconteceria a partir delas. De fora só se vê um braço e mão segurando o prato. E o outro manejando os talheres. Apropriando-se deste e daquele alimento. Parte do processo que se deixa flagrar pelos outros.

— E para beber? No friozinho, uma taça de vinho vai bem. Mas na hora do almoço? De um dia de trabalho? Será que não vai me dar sono à tarde? E logo às 14h eu tenho que fazer uma apresentação para o chefe e os clientes daquele projeto. Qualquer alteração será notada. Melhor afastar de mim esse cálice. Para sempre.

Movimento desencanado

Mas que fique claro. Toda essa articulação intelectiva estaria, por enquanto, apenas na origem de qualquer movimento voluntário. Condição para o seu princípio. Pontapé inicial daquilo que se observa de fora. Na sequência, uma vez começado o movimento, a mente de quem o executa poderá se dedicar a outras coisas.

Você me diz:
— Vamos ao shopping?
— O.k. De carro ou a pé?
— Vamos a pé. Assim não precisamos encontrar vaga no estacionamento, sempre muito cheio.
— Ótimo. Partiu!

Até esse instante, o movimento parece mesmo estar atrelado a um pensamento sobre ele. Ainda estamos no sofá. Bem acomodados. Parados em relação a ele e ao chão. A ideia do deslocamento já havia sido proposta e aceita. Mas os corpos não davam sinal de empreendimento.

Minutos depois, já teremos caminhado um pouco. Passo a passo, vamos nos dispensando de conservar na nossa mente o ponto de partida e o destino. Podemos conversar sobre o tempo. O livro que estamos lendo. O duelo futebolístico do dia seguinte. A indefinição das candidaturas para o pleito daquele ano. E nada disso tem a ver com o movimento propriamente dito.

Nesse movimento desencanado, Mário Cesariny garante no poema "Em todas as ruas te encontro":
— É de olhos fechados que eu ando*.

Da mesma forma, um nadador de alto nível arranca para um tiro de 1.500 metros nado livre. Suas braçadas já foram repetidas alguns milhares de vezes. São 30 piscinas de 50 metros. Quinze idas e voltas. Vinte e nove viradas olímpicas. Bem no centro da raia. Respiração bilateral e intercalada.

Nada disso precisa permanecer na sua mente durante o tiro, o que lhe permite se desligar um pouco do percurso. E pensar numa aventura amorosa. No que estaria fazendo naquele instante o chinês, campeão mundial daquela prova. Permite quem sabe repassar as funções das organelas citoplasmáticas. Afinal,

---
* Do livro *Pena capital*, publicado originalmente em 1957.

tirar 8 pra escapar da recuperação em biologia com o professor Luigi não é tarefa nada fácil.

No meio do caminho, alguma coisa pode fugir do mais estrito habitual. Indo para o shopping ou durante os 1.500 metros na piscina. Nesse caso, talvez seja necessário retomar a imaginação do movimento. Uma rua interditada, por exemplo. Ou um banhista desavisado que resolver cair na piscina para se refrescar bem na sua raia. É como se tivéssemos que começar de novo. Da imaginação para as pernas e braços.

Movimento e esforço

Hobbes se interessa pelo que acontece entre o instante em que concebemos o futuro movimento na mente e o momento em que qualquer um pode percebê-lo em nós. Segundo ele, há um intervalo. Imagine a sequência.

Você se encontra na aeronave. Cinto de segurança afivelado. Evacuação digestiva iminente. Sua imaginação sugere ida ao sanitário. Você observa a luz verde indicativa de que está livre. Entre essa produção da mente e o efetivo e inopinado levantar da cadeira, muita coisa acontece.

Essa preocupação de Hobbes me faz lembrar nossa caminhonete com motor para combustível diesel. Você acelera. A bichinha puxa. Mas há um intervalinho entre pisar no acelerador e o rolar efetivo das rodas. Só o motor parece trabalhar. No interior do motor há movimento. Com certeza. Mas o carro ainda está parado. Velocidade zero.

Olhando de fora, tudo parece estático.

Pois bem. Conosco, humanos pensantes, o tempo inteiro cogitando sobre os próprios movimentos, acontece algo parecido. Imaginamos algum movimento que nosso corpo deve realizar. Por conta disso, imediatamente, no seu interior muita coisa se põe em marcha. Mas, até esse instante, para quem nos contempla de fora, continuamos parados.

Até que as partes do nosso corpo responsáveis pelo seu movimento efetivo no mundo sejam efetivamente provocadas por outras que já estavam agitadas. Assim, antes de começar a se mover no mundo, você já se movia internamente.

E esse instante de defasagem entre o movimento das coisas de dentro e o percebido pelo olhar de fora virou poesia em "A banhista dita banhista de Valpinçon", de Nuno Júdice.

"Entre a melancólica imobilidade que a prende à cama e o desejo de se levantar, faz a pausa em que a sua nudez se fixa, para sempre, como se a cama não tivesse de ser feita, e o banho não estivesse pronto, para a lavar da noite."

Pois bem. Esse movimento interno que antecede o externo se denomina esforço. Que, quando tende a nos aproximar do objeto imaginado, será desejo. Como o desembarcar apressado da aeronave. Impedido pelos que se esforçam para recuperar suas bagagens acomodadas mais atrás, irrompendo no contrafluxo.

Desejo de ingerir o bolo. Na festa de casamento ocupa centralidade majestática. Numa mesa de aduladoras guloseimas que, na hierarquia das distâncias periféricas, lhe reverenciam ao redor. Monarquia doce e sua Corte de chocolate, sob os olhares cruzados de súditos glutões, que se vigiam mutuamente.

Desejo de beijar a boca do homem amado. Que ignora sê-lo. Como na novela *Explode Coração*, de Glória Perez. A personagem Sarita apresenta-se em espetáculos musicais, na noite nada calada. Esta, por sua vez, explode seu coração pelo tímido Edu. Que terminou preso por desejar a repórter Ione. A quem entregou, por confiar demais, informações bombásticas, prospectadas ilicitamente pelo computador, sobre o poderoso Júlio Falcão, que deseja a cigana Dara, mas também eleger-se senador.

Esta, por sua vez, deseja Júlio nos quatro pneus. Sem divisões. Mas se casa com Igor. Que a deseja desde sempre. E, mesmo assim, termina por entregá-la ao rival. No último capítulo. A que todos desejam assistir.

E a vida segue seu fluxo de desejo, fazendo de nós seu objeto, iludido em pretensão de ser seu sujeito.

Desejo de ler a página seguinte. Do livro *Desejo*. Escrito por quem deseja não mais escrever. Sobre este ou qualquer outro tema. Porque deseja a aposentadoria. Dessas com zero de trabalho e dinheiro para comer e pagar as contas.

Desejo que se serve do pensamento e das obras daqueles que, com certeza, também desejavam. E, sabendo ou não, acabaram filosofando sobre o desejo. Certamente afetados pelos seus próprios.

Movimento e contramão

Mas, como dizia a tia Guiomar — professora do fundamental que me ensinava de tudo um pouco —, sempre podemos encontrar outro caminho. Assim, no lugar de desejar desembarcar, atacar o bolo, beijar a Sarita e terminar de ler o livro, optamos pelo deslocamento rodoviário. Porque não suportamos "andar de avião".

O bolo, doce demais ou embolorado, vai pro lixo. Sarita, linda, talentosa, não é a nossa praia. Bobagem nossa. Quando o esforço tender a um afastamento, seja do que for, denomina-se aversão. Que, como dissemos antes, é um tipo de desejo. Negativo. Na contramão.

Capítulo 8

"RAPARIGAS DOS LIMÕES A OFERECEREM"*

● ● ● ● ● ● ●

Somos levados a acreditar, banhados pelo senso comum, que as coisas do mundo têm um certo valor. E que o mesmo se impõe a todos nós. Assim, na apresentação das pessoas, suas obras, artes e serviços, bem como de lugares e suas paisagens, a realidade que, desde o nascimento, vamos descobrindo aos poucos já vem agarrada ao quanto ela vale.

— A Tina me apresentou um amigo do irmão dela que eu não acreditei. Gato, fofo e super de boa. Não tem namorada e curte relacionamentos mais longos. Marcamos de sair. Você tem que ver. Depois olha no insta.

— Em Paris, não deixe de comer no Zerda. Fica muito próximo da estação Reaumur Sebastopol. O cuscuz marroquino deles não tem igual.

— Fui assistir *O Parasita*, esse filme coreano que tá todo mundo falando. Meu Deus. Saí impactado. Um dos melhores que já vi na vida.

---

* Verso do poema "Sei os teus seios", de Alexandre O'Neill.

— Quer saber? Algumas letras do funk são uó. Mas a batida é irresistível. Quando vejo tô com as mãos nos joelhos rebolando sem me dar conta.

A beleza de um corpo, o charme de um jeito de ser, o sabor delicioso de uma comida, a harmonia de uma melodia, a excelência de uma trama literária. Tudo isso é valor, inseparável cada qual da sua realidade.

Assim, o belo, o justo e também o agradável fazem parte do ser de tudo que é belo, justo e agradável. Num mundo onde cada coisa vale em si e por si mesma.

Dom Casmurro, de Machado de Assis, não precisa da aprovação de nenhum leitor. Seu valor é imenso e soberano. Tal como uma composição de Schubert, a voz de Maria Callas e o drible de Lionel Messi. Seja você quem for, é questão de contemplar e pedir bis. Desejar sempre mais.

Sendo o valor imanente às coisas, cada um de nós, diante destas mesmas, deveria inclinar-se da mesma maneira. Desejá-las, no caso de valerem positivamente, e rechaçá-las no caso contrário.

Você poderia perguntar:

— E no caso de não gostar do que é bom? Ou se tiver fissura por algo de valor pífio?

Por exemplo, um desapreço ou tédio na leitura de *O vermelho e o negro,* de Stendhal? Na apresentação da "Sinfonia 5", de Mahler, pela Gewandhausorchester em Leipzig? Ou na abertura de *O Guarani,* de Carlos Gomes? Na contemplação de um autorretrato de Rembrandt no Rijksmuseum?

Ou quem sabe ainda não suportar ver futebol na TV mesmo quando joga o Barça com Messi e tudo?

Bem, nesses casos, a eventual indiferença ou desapreço devem ser entendidos por um erro. Resultado de uma ignorância.

No caso de uma sensibilidade desviada na origem, poderíamos ter sido levados pela educação a desejar o que é bom.

Afinal, se as células e as coisas da genética são o que são, quem sabe as experiências da vida não permitam um *upgrade* nesse patrimônio de pouca riqueza?

Fernando Pessoa poetiza os riscos da indiferença, guarda baixa da qual se aproveitam poderosos. Para fazer da própria alegria a alegria universal. Uma norma de sensibilidade.

> Ah! Ser indiferente!
> É do alto do poder da sua indiferença
> Que os chefes dos chefes dominam o mundo.
>
> Ser alheio até a si mesmo!
> É do alto do sentir desse alheamento
> Que os mestres dos santos dominam o mundo.
>
> Ser esquecido de que se existe!
> É do alto do pensar desse esquecer
> Que os deuses dos deuses dominam o mundo.
>
> (Não ouvi o que dizias...
> ouvi só a música, e nem a essa ouvi...
> Tocavas e falavas ao mesmo tempo?
> Sim, creio que tocavas e falavas ao mesmo tempo...
> Com quem?
> Com alguém em quem tudo acabava no dormir do mundo...*

Aprendeu a gostar do que é bom

De fato. Se a sensibilidade não é de nascença, pois que venha aos poucos. Com hábitos. Treinamentos. Ensinamentos. Conselhos.

---
* Poema de Álvaro de Campos, um dos heterônimos de Fernando Pessoa.

Dicas. E tudo que os outros costumam fazer para que passemos a gostar das grandes obras, das finas iguarias, das exuberantes paisagens etc. De tudo que tem valor positivo indiscutível.

Pensando assim, não gostar do que é bom indicaria pobreza de repertório, futilidade de sentimento, baixeza de espírito. Um fracasso individual e coletivo.

Isso porque *Os miseráveis*, de Victor Hugo, tem o seu valor literário, goste você da leitura ou não. Melhor inclusive começar a gostar. Encontrar em tantas páginas algo que te agrade. Pega bem e evita problemas.

Mas, se não for o caso de jeito nenhum, ainda resta a mentira. O fingimento. A hipocrisia.

— E aí? Gostou?

— Meu Deus. Não conseguia parar de ler. Fui degustando cada frase. Meu espírito vagava levado pelo autor. Na leitura, vivi experiências inéditas. E olha que sou voraz devorador de livros.

As evidências e obviedades do senso comum consagram algum gosto como de bom gosto, escondendo qualquer réstia de interesse pessoal ou manipulação para debaixo do tapete. Facilitando a vida de quem tem sangue azul desde que nasceu e, por isso mesmo, sempre desejou o mais sublime.

Como em toda dominação eficaz, os menos aquinhoados são os primeiros a sair em defesa das certezas que os oprimem. E a bradar em alto e bom som que as coisas que valem muito só valem o tanto que valem porque são indiscutivelmente melhores do que as que valem menos. Ou pouco. Ou nada.

Alexandre O'Neill, em "Sei os teus seios", destaca esse segmento do corpo feminino e aponta, com tintas de indiscutibilidade, a lista pétrea dos atributos mamários que lhe conferem valor positivo e negativo. Com senso de objetividade a pretensão universal. Sem fresta de discordância possível.

Para a frente, para cima, vitoriosos, colinas, fortes, pasmados, lorpas, como barrigas de glutões, decrépitos, inacessíveis, rijos...*

Primeiro o desejo. Depois o valor

Mas sempre é possível pensar diferente. Resistir aos dominantes. O primeiro passo seria denunciar as evidências. Problematizar o óbvio. E, para tanto, inverter a ordem. Em vez de desejar porque é bom, tomar por bom o objeto do desejo.

Isto é, primeiro o desejo, depois o valor.

Nesse caso, não desejaríamos mais as coisas do mundo por seu valor imanente. Porque valem independentemente de nós. Pelo contrário. Ante qualquer realidade, primeiro deixaríamos manifestar nossos afetos. E só então, em função do que viéssemos a sentir, atribuiríamos valor àquilo que está a nos afetar.

Em outras palavras, antes de tudo a atração, o querer, o desejar. Ou a aversão, a repulsa e a indiferença. Só então, o valor. É bom porque eu quero. Vale porque eu desejo. Nunca o contrário.

Neste caso, não há como desejar errado. Não há pobreza alguma em nossos afetos. Porque o desejo é o que é. Um dado de nossa realidade. E as coisas são o que são. Sem valor algum. Ao menos enquanto não estivermos lá para querê-las por perto, ou o mais longe possível.

Assim, um planeta distante, nunca visto por nenhum humano, não poderá ser grande ou pequeno, belo ou feio. Não poderá ter cor ou cheiro. Ser importante ou irrelevante.

Nenhum valor haverá em um planeta nunca encontrado pelo homem. Depois, sim. Em função da relação que mantivermos com ele é que todos os valores poderão ser-lhe atribuídos.

---

* "Sei os teus seios", em *Poesias Completas 1951/1983*, Imprensa Nacional-Casa da Moeda, 1984

Meios tristes para fins desejados

A relação entre desejo e seu objeto nem sempre é imediata, objetivada em uma simples inclinação. Muitas vezes, para alcançar o que desejamos, temos que passar por estágios intermediários, meios ou instrumentos. Que podem ser inóspitos. E mesmo detestáveis.

A medalha de ouro para o atleta é o objeto de desejo. Já a carga extenuante de treinamentos necessária para essa conquista pode bem não ser.

Da mesma forma, a produção de uma obra literária inovadora é o que desejam os escritores. Mas vencer a mesmice cômoda e tão à mão — seus caminhos já sulcados da mente, pensamentos consolidados, cacoetes de estilo — implica, em muitos casos, sofrimento impossível de desejar.

Muitos desejam a glória, o reconhecimento, o aplauso e o paparico. Mas ainda ignoram — ou não suportam — os pré-requisitos de construção de uma notoriedade. Entreter a tietagem, acolher com sorriso dissimulado cada fã, manifestar interesse pelo que diz, tirar milhões de fotos a qualquer tempo e lugar, tudo isso pode levar qualquer um ao desespero.

Os exemplos não terminam nunca. Por vezes, o objeto de desejo requer várias etapas intermediárias, muitas delas lesivas, agressivas, entristecedoras e humilhantes. Tornando, portanto, toda a busca uma inclinação complexa, temerária e cheia de hesitações.

Desejos satisfeitos com efeitos tristes

O contrário também é frequente: um desejo que, se satisfeito, pode trazer prazer e consequências nefastas. Portanto indesejáveis.

Assim, o delicioso bolo de chocolate, que fará aumentar a nossa massa corpórea; o sono exagerado, que nos tornará indolentes e atrasados; a pílula que nos trará a euforia desejada, mas que agredirá nossas células nervosas; sexo adúltero, que nos fará sentir culpa.

Lista trivial de exemplos que faz lembrar Freud. Sempre existirão aqueles desejos que não gostaríamos de comunicar aos outros. E os que não gostaríamos de confessar a nós mesmos.

Haverá quem fale em valor objetivo das coisas, definido pela sociedade da qual fazemos parte. Como o valor econômico de uma mercadoria, o chamado valor de mercado. É um dado da realidade que se impõe a todos nós.

Numa loja, o valor que devemos pagar para comprar um produto não é medido pelo desejo que temos por aquilo. Ele já se encontra ali, estampado na tabuleta. Com ou sem a nossa presença. Soberano e autônomo em relação às nossas inclinações, à angulação do nosso corpo e à atração que possamos ter.

No entanto, as coisas da loja, tanto quanto as coisas do mundo, só deixarão o estatuto de indiferentes quando, para nós, converterem-se em objeto de desejo. E, aí, o tal valor objetivo pode pouco querer dizer.

Custa muito caro uma passagem de primeira classe para Dubai. Com ducha na aeronave. Valor dissonante para um passageiro pouco afeito ao banho... O preço da passagem é desmentido pelos afetos e hábitos do catinguento.

Há quem pague quatro salários mínimos por algumas lascas de trufa branca. No meu caso, depois de o garçom pesar, com balança de precisão, o que ia pondo no meu macarrão, intuí a facada. A tempo de devolver tudo.

Desejo de luxo e luxo de desejo

Haverá também aqueles que só desejam o que é caro: células alinhadas ao preço. Inclinação determinada pela oferta e demanda de todos. Mas essa é só uma possibilidade. Sabemos todos, haverá quem não ligue para isso. Como alguns de nós. Fãs de comércio popular e promoções verdadeiras.

Muitos desses, podendo comprar quase tudo, não compram quase nada. Porque simplesmente não estão nem aí para os valores objetivos. Não desejam o que foi definido como caro ou valioso para todos. Não se inclinam diante do mais raro e do mais cobiçado pelo coletivo ao qual pertencem.

Com enorme sucesso dançante, Tim Maia, em "Não quero dinheiro, só quero amar", explica esse desdém pelo que tudo compra

"Quando a gente ama não pensa em dinheiro, só se quer amar."*

Por isso, sempre haverá a possibilidade de considerar a última instância do valor. A única que conta efetivamente para nós. Reduto definitivo do que nos move, do que nos motiva, do que nos tira da cama, do que nos faz agir.

Eis aí o desejo. Valor subjetivo. Que pode se deixar escravizar pelas marcas e pelos preços. Ou deles zombar.

---

* Trecho da canção "Não quero dinheiro (Só quero amar)", de Tim Maia, faixa do álbum *Tim Maia*, lançado em 1971 (Polydor).

Capítulo 9

CONVERTER A HUMANIDADE
NUM CEMITÉRIO FELIZ

• • • • • • •

Outrora vivia antes dos outros que de si. Não achava equilíbrio interior*.

Há quem recomende uma vida sem desejo. Pleno controle sobre as emoções. Primazia do equilíbrio. Do corpo e da alma. Em detrimento das inclinações. Plenitude como condição de paz espiritual. Passo largo para a felicidade.

O contrário disso não passaria de vida atormentada. Por mundos percebidos ou apenas imaginados. Pelo que acontece. Pelo que não acontece. Pelo que esperamos ou tememos que aconteça. Pelo acontecimento e pelo seu contrário. Pela vida. E pelo seu fim à espreita.

Ataraxia e imunidade

Os gregos falavam em ataraxia. Em nome de uma vida boa. Competência de não se deixar abater por nenhum mundo encontrado, ainda que muito agressivo. Couraça invulnerável.

---

* Trecho de *Quincas Borba*, de Machado de Assis.

Ante a notícia de enchente, desabamento, deslizamento e a própria residência em ruínas, com desabrigo, desalento e morte, pois bem, ante tudo isso permanecer tal e qual. Com a potência inalterada. Sem lamento algum. Nem tampouco fingimento.

Ora, querido leitor. Sabemos que na carne e no osso da vida a fragilidade mostra sua força. E, se estivermos bem da cabeça, vamos nos desesperar se nossos filhos estiverem ameaçados. Se nossos esposos correrem perigo. E até mesmo se o patrimônio amealhado com tanto suor estiver em risco.

O que dizer do óbito atestado, da aniquilação consumada ou da tragédia feita espetáculo?!

E não é só uma questão de sofrimento inexorável. De alma devastada sem resistência possível.

Confrontando a certeza de que a vida boa requer blindagem ou imunidade, ponderamos que muitos dos grandes gestos da história do mundo só foram possíveis em radical desequilíbrio afetivo. Turbinados por desejos ardentes e amores enlouquecidos. O pai que salva o filho de um afogamento não espera recobrar a calma para lançar-se no mar revolto.

Por isso, aplaudimos Goethe, para quem "o amor e o desejo são as asas do espírito das grandes façanhas".

Nada nos impede aqui de caminhar em paralelo. Com a humildade que a referência exige.

Proponho para sua degustação: enquanto não flagrarmos o instante de desvario de quem quer que seja, o seu ser fora de si, na centelha do descarrilhar inconsequente, ainda não teremos visto nada. Seguimos ignorando o que importa. Escapa-nos o essencial. O verdadeiro ser daquele ser.

E esse outro com quem interagimos, de quem só temos lucidez e ponderação, ainda nos é completamente desconhecido.

Ataraxia e destemor

Ataraxia: competência de não se deixar abater ante nenhum mundo imaginado. Vida sem temor. Sem receio algum. Nada de medinho. Do chefe que ameaça com a demissão. Do professor que arregaça na prova. Da traição da amada, cortejada por muitos. Da morte dos entes queridos. Da própria morte.

Zero medo, 100% do tempo. Bem bacana.

Mas o leitor sabe melhor do que eu que o medo nos faz companhia. Do nascimento à cova.

E Drummond, o melhor de todos, nos honra com seu coro em "O medo".

> Em verdade temos medo.
> Nascemos escuro.
> As existências são poucas:
> carteiro, ditador, soldado.
> Nosso destino, incompleto.
>
> E fomos educados para o medo.
> Cheiramos flores de medo.
> Vestimos panos de medo.
> De medo, vermelhos rios
> vadeamos.
>
> Somos apenas uns homens
> e a natureza traiu-nos.
> Há as árvores, as fábricas,
> doenças galopantes, fomes.
>
> Refugiamo-nos no amor,
> este célebre sentimento,

e o amor faltou: chovia,
ventava, fazia frio em São Paulo.

Fazia frio em São Paulo...
Nevava.
O medo, com sua capa,
nos dissimula e nos berça.

Fiquei com medo de ti,
meu companheiro moreno,
de nós, de vós: e de tudo.
Estou com medo da honra...*

Voltemos à ataraxia. Ao grego inabalável. Imune ao mundo percebido e ao mundo imaginado. Ora, quem não teme também não espera. Não torce. Não augura. Não nutre expectativa de nenhum tipo. Porque, se esperasse qualquer coisa, teria que temer pela ocorrência do seu contrário.

Ataraxia e desesperança

Porque temor e esperança são dois lados da mesma moeda. Caminham sempre de mãos dadas.

Num acidente aéreo, esperar pela sobrevida de um ente querido é o mesmo que temer pelo seu perecimento. Tanto quanto esperar pelo matrimônio é temer o celibato. E esperar pela verticalidade na primeira noite de amor corresponde a temer pela flacidez.

Mais pra frente, a esperança de continuar vivo será a versão mais aceita do velho e resignado temor pela morte.

---
* Parte da obra *A rosa do povo*, José Olympio, 1945.

Dentre as imaginações, as lembranças — reconstruções no presente de experiências pretéritas — também podem apequenar. Azedar o instante vivido. Se a memória nos traz o que alegrou um dia, joga-nos na nostalgia. Se, ao contrário, faz imaginar o que entristeceu, nos condena à amargura, ao arrependimento.

Ataraxia e esquecimento

Melhor seria então não lembrar.

Dos primeiros anos de faculdade, os melhores daquela vida. Sem cobranças. Com Narduzzo e Moretzsohn. Parças desde muito antes. Tampouco das primeiras aventuras amorosas mais arrebatadoras. Do gordo, amigo inseparável da faculdade.

Cinco anos de direito sem o gordo teriam deixado sequelas de tédio ainda maiores.

Melhor ainda seria não se lembrar nunca das humilhações, das derrotas, das frustrações, dos abandonos, das traições. Que não foram poucas. E também do amor que se foi. E faz falta.

Como canta Isabella Taviani:

Ai, essa saudade no meu peito
Esse vazio de você
Ai, esse meu jeito meio feio
De não saber lhe perder*

Melhor mesmo seria não lembrar. Nietzsche recomenda vivamente. Pascal também adverte com veemência. Em ataraxia, o presente do corpo se alinha com uma consciência que não escapa. Nem na direção do já vivido, nem na do por viver.

---

* Trecho da canção "Presente-passado", lançada no álbum *Meu coração não quer viver batendo devagar,* lançado em 2009 pela Universal Records.

Mas, se lembrança houver, que a saudade não imobilize. Que o arrependimento não apequene. Que o lamento não arruíne. Edith Piaf, em "Non, Je Ne Regrette Rien", parece aplaudir.

Não, nada de nada
Não, eu não me arrependo de nada
Está pago, varrido, esquecido
eu estou pouco me lixando para o passado...*

Gregos, sábios e Piaf nos desculparão. Mas, na vida que vivemos você leitor, e eu, não só nos lembramos das coisas o tempo todo como nos deixamos abater demais com isso.

Ataraxia e reconciliação com o mundo

Devolvamos a palavra aos sábios. Ataraxia. Competência de não se deixar abater ante nenhuma falta. De não acusar a carência. Conservar serenidade genuína ante a ausência do ser amado. No luto do filho. No escoamento da juventude. Da potência. Da virilidade. Da visão. Da riqueza. Na falta de emprego e trabalho. Do respeito e do reconhecimento. No abandono da família. Na infidelidade.

Impossível não lamentar tanta falta.

Quem não acusa a falta — à moda grega da ataraxia — tampouco deseja. Se o homem ou a mulher que você ama, caro leitor ou leitora, escolhe desposar outra pessoa, como poderia não se abalar?

— Não se abalando, uai! — responderiam os sábios daquele tempo.

---

* Trecho da canção "Non, Je Ne Regrette Rien", de Charles Dumont e Michel Vaucaire, em tradução livre do autor.

Alinhando-se com o mundo. Ajustando o pensamento à sua realidade. E jamais esperando o contrário. Desejando o que é. E excluindo toda frustração. Estando, portanto, em perfeita harmonia com a escolha do amado. Essa mesma, que recaiu sobre o rival. Sem nenhuma esperança de reverter o quadro.

A criança morreu. Depois de adoecer gravemente. Ataraxia do pai. Conformidade com o mundo. Nenhuma indignação ou sentimento de injustiça. Nenhum lamento pela vida não vivida. Pelas festas não festejadas. Pelos hambúrgueres não degustados. Pelos picolés não tomados. Pelos jogos de futebol perdidos. Pelos ensinamentos não aprendidos. Pelos livros não lidos. Pelas moças ou moços não namorados. Pelas músicas não ouvidas.

Como lamenta lindamente Martha Medeiros: "Saudade eu tenho do que não nos coube"*.

Eles, os gregos, estavam convencidos de que pessoas em ataraxia sofrem menos. Não sendo o nosso caso ainda, o que será que teríamos que fazer para entrar nessa onda ataráxica?

Se tivéssemos que fazer um curso, estudar por conta própria, ler muito, fazer meditação ou qualquer outro método de formação, a pergunta que sempre poderemos fazer é: não seria essa busca um desejo como qualquer outro?

Em outras palavras. Para não se deixar abalar pelo mundo, não teríamos que desejar adquirir essa competência? O mesmo para não temer, não se desesperar, não se lembrar, não esperar, não sentir falta etc.

— Tente não pensar em nada. Esvaziar a mente. — Assim sugeria a instrutora. Com sua voz doce e suave.

E eu, sempre dedicado, me empenhava, durante aquela sessão, em não pensar no que estava pensando. Para tanto, ia trocando de pensamentos. Substituindo x por y. O máximo que

---

* Poema 2 do livro *Cartas extraviadas e outros poemas*, L&PM Pocket, 2009.

consegui foi estampar por alguns segundos a palavra NADA em minha tela mental. Ri de minha incompetência. Afinal, a meta era buscar o que "nada" significa. Seu significado, portanto. E as letras da palavra piscando em neon, significante para alguns, eram pensamento como qualquer outro.

A constatação daquele fracasso me trouxe desequilíbrio. Tristeza, raiva e vergonha. Mas o relato acima é só um exemplo. De um iniciante muito sem jeito. Haverá, certamente, quem fique horas sem pensar. É o que asseguram. E eu acredito. Não teriam por que mentir.

Por enquanto fiquemos com nossos desejos. Afinal, podemos muito bem continuar preferindo a exaltação, a euforia, arroubos de cólera, paixão enlouquecida, nervos à flor da pele, aversões em rompante.

Como em "Meu Coração Não Quer Viver Batendo Devagar", de Isabella Taviani.

... Foi assim que me vi tonta de vontade
O amor transgrediu a invencibilidade
Golpeou suavemente, nocauteou a minha mente
Ahhh, me fez nascente*.

Desejar não desejar será sempre desejar

Desejar não desejar. Para um dia, quem sabe, não desejar de vez. Promessa de sabedoria que atenta contra o que nos é essencial. Em contradição que aniquila a alma.

Desejamos sem mais. Antes mesmo de pensar. De poder dizer algo sobre si. De tentar se definir. E de aprender sobre as eventuais mazelas do desejo.

---

* Faixa-título do álbum de Isabella Taviani lançado em 2009 pela Universal Records.

Aceitar-nos como seres desejantes talvez não nos discrimine muito do resto da animalidade. Mas quem disse que há distinção a fazer?

Se desejo é essência, fazer da sua falta condição de uma vida boa é converter a humanidade num cemitério feliz. Entulhado de urnas, blindadas, impermeáveis a tudo. Sem frustração possível. Mas também sem todo o resto.

Se o desejo nos apequena, não há remédio: somos pequenos. Porque sem desejar não ficaremos. Mesmo se o desejo for de viver sem desejar um dia, seguimos encapsulados. Na busca de uma satisfação impossível.

Desejos em hierarquia

Os desejos não se equivalem. Ao menos para nós, que os desejamos. Buscar satisfazê-los todos tornaria a vida impossível. Por isso, é de sabedoria conseguir hierarquizá-los. O que implica atribuir valor a seus objetos. Discriminá-los. Em meio a tudo o que desejamos, aquilo que, para nós, mais importa.

Daí a importância da razão — e quem sabe até da filosofia. Que ajuda a flagrar e tentar entender o desejo em nós. Que permite identificar, em meio a tantos atrativos, o mundo que importa alcançar, o resultado a obter, a meta a bater. Não teríamos energia para tanto estímulo se nos deixássemos inclinar ante tudo. Se nos dispuséssemos a possuir cada coisa ou corpo que, no mundo, nos seduz.

Urge, portanto, saber pôr em ordem, estabelecer prioridades, identificar os desejos de primeira classe. Aqueles que, para nós, quando satisfeitos, resultariam em prazeres superiores. Garantidores de uma vida mais que boa. De alguma felicidade.

O desejo é uma forma particular de relação do nosso corpo e da nossa alma com o mundo. É normal que, ao longo da vida, dos anos, dos dias e das horas, ele mude. Que desapareçam alguns e surjam outros. Afinal, corpo e alma estão em ebulição. Assim como o mundo desejado. Que teima em nos escapar. Esfarelando-se diante de nós.

Nossos deslocamentos fazem do mundo um filme percebido por nós. Um jogo de fliperama onde vamos conduzindo a nossa nave. Perseguindo o que, supomos, nos seja agradável e prazeroso. Escapando ou fugindo daquilo que nos parece entristecedor e apequenador. Por isso vamos transformando o mundo que encontramos e sendo transformados por ele. De tal sorte que nem sujeito nem objeto permaneçam.

Lembro-me dos desejos profissionais de juventude. Sonhos, metas a alcançar. Nenhum deles permanece. Alguns, por terem sido alcançados. Outros, por terem sido esquecidos no porão das frustrações. Outros, ainda, pelo desaparecimento do mundo desejado. E outros, finalmente, porque simplesmente perderam, para mim, o valor que um dia tiveram.

E olha que, nessa história de ter plena consciência dos desejos que já não são mais os nossos, estamos bem acompanhados. Veja o que diz Platão na Carta VII:

> Além do mais, as leis escritas e os costumes estavam corrompidos, e essa corrupção alcançou uma importância tão surpreendente que eu, que num primeiro momento tinha submergido num grande desejo de me ocupar das coisas públicas, acabei por ser tomado de vertigem.

O desejo de exercer o poder de Estado, o desejo de legislar, decidir, executar, foi substituído, em Platão, pelo desejo de pensar melhor, de refletir com correção.

Como ele, um dia sonhei produzir conhecimento. Em outro, ajudar alunos a fazê-lo. Dias depois, ensinar o conhecimento dos outros. Para só então proporcionar motivação, entretenimento e inspiração.

Capítulo 10

"TECLAS QUE TOCAM ATÉ O OSSO DO GRITO"*

● ● ● ● ● ● ●

Desejo reúne energia e imaginação. Eros e conteúdo de consciência. Apetite e representações de mundo.

Por isso, ao desejar, dispomos corpo e alma a 8 horas de estudo diário e estampamos na mente o próprio nome entre os aprovados no curso dos sonhos.

Deixemos de lado por ora a energia, o eros e os apetites. Nas páginas que seguem, o foco será na imaginação, na consciência e nas representações. Ou seja, no objeto do desejo. Na sua componente mentalizada.

Partiremos de uma experiência. Dessas vividas na repetição implacável das rotações terrestres.

— Escuta. Estamos na estrada desde o nascer do sol. Já é meio-dia e ainda não comemos nada. Estou verde de fome. Por que não fazemos uma boquinha em alguma parada e continuamos? Um sanduba de pernil seria perfeito. Desses no molho bem curtido, com cebola e pimentão!

---

* Verso do poema "A Mí", de Oliverio Girondo, parte da *Antología de la poesía hispanoamericana contemporánea, 1914-1970,* publicada em 1971.

O relato acima nos leva a crer que o objeto imaginado do desejo contém três elementos.

Em primeiro lugar, a percepção de uma falta. Lacuna objetiva em nós ou no entorno. Certeza de que não há plenitude. Como o estômago vazio na estrada desde manhãzinha. Ou em 12 horas de jejum intermitente.

Exemplos de falta, vazio ou carência brotam na mente em abundância. As experiências são fonte inesgotável. Como o tubo esfacelado e vazio de dentifrício, após dias de esmagamento com o cabo da escova.

Em segundo lugar, a sensação de desconforto, dor e sofrimento que essa falta acarreta. A tradução da falta objetiva em algum desagrado. Como a fome. Ou o dissabor de escovar os dentes com sabonete líquido. Em profusão de bolhas. Para se garantir no hálito.

E, por último, a conjectura para o preenchimento da falta objetiva. E a consequente eliminação daquela falta e seu correlato desconforto.

Como duas fatias de pão de fôrma, várias fatias de queijo e presunto. Tudo isso na tostadeira das antigas. Jogando o peso do corpo em cima para prensar bem.

Ou dar um pulinho correndo à farmácia para comprar a tal pasta que deixa os dentes brancos desde a primeira escovada, fortalece, fluorifica e garante a refrescância por horas.

Para que o leitor não se perca, retomamos os três elementos: flagrante da falta objetiva, da sensação de sofrimento e conjectura mental sobre a solução. Que poria fim aos dois primeiros.

Até aqui, tudo impecável. Como num manual, apostila ou PowerPoint.

Mas, na hora do desejo de cada um, esse sentido na pele, como o meu e o seu, caro leitor, a sequência pode não ser bem essa. Talvez não seja quase nunca. Porque causas e efeitos não raro trocam de papel.

Assim, da mesma forma que vou atrás de algo para comer porque estou realmente com fome, a inclinação para a guloseima pode bem resultar de um aroma, de uma disposição atrativa dos alimentos, da expressão de prazer do vizinho em degustação.

Castanhas, nozes e amendoins, quando caramelizados no aeroporto, exalam um odor que atrai, mesmo na sequência de um almoço exagerado.

Publicidade: soluções para a falta

Esses três elementos constitutivos do desejo imaginado encontram correspondência fiel em toda produção publicitária.

Tomemos um texto publicitário antigo. Verdadeiro clássico. Há décadas fora de circulação.

"Quando o seu cabelo começar a cair, não adianta disfarçar. Não passe ridículo. Use Capiloton. O seguro dos seus cabelos."

Primeiro, a falta objetiva: "seu cabelo começa a cair". Depois, o sofrimento: "não passe ridículo". Finalmente, uma solução ineficaz, equivocada: "não adianta disfarçar". A segunda, recomendada: "use Capiloton".

A publicidade é uma forma de produção de mensagens, elaboradas quase sempre por profissionais especializados, endereçadas a um grande número de receptores, que propõem soluções para o preenchimento de vazios dolorosos por eles já percebidos ou a perceber a partir da posse imaginada do produto anunciado.

Assim, para que os tais "vazios dolorosos" não caiam em estrita abstração, um exemplo de dor de cabeça.

A publicidade superconsagrada garante, em rima rica e verbo no pretérito perfeito, que tomando o tal remédio a dor some na hora. Primeiro a dor, depois a solução.

Você está sentindo há dias um amargo desagradável na boca. E ouve no rádio, em meio a uma narração esportiva, que tomando um comprimido antes e outro depois aquilo passa.

Morrendo de sede, é informado de que a cerveja do anunciante, estupidamente gelada, desce redondo. E, finalmente, que, no desânimo, o conhaque do patrocinador desce macio e reanima.

Causa da percepção

A publicidade também antecipa soluções para vazios que só ela faz perceber. No inverno, uma bela mensagem anunciando meias que aquecem pode fazer perceber que o que você tem é frio nos pés.

Ou nas mãos, por conta das superluvas térmicas que alguém viu num site de compras e repassou.

Mas não só.

Ela também denuncia lacunas específicas em seu repertório. Quando anunciado curso sobre técnicas de empalhamento de animais de estimação. Ou um livro, escrito por um autor de nome estrangeiro, contendo dicas preciosas para enriquecer sem esforço.

Quem sabe alguns hábitos para finalmente tornar-se alguém eficaz. Ou conseguir mandar tudo que entristece às favas.

Graças à publicidade, o leitor também se dá conta do esgotamento que a sua rotina lhe impôs. Quando na TV os hóspedes de um *resort* parecem bem de boa. Estirados em superconfortáveis cadeiras de praia.

E você conclui, pedindo a concordância de quem esteja ouvindo:

— Estou precisando tirar umas férias. As últimas foram há quatro anos. Quando visitamos tia Geralda em Botucatu. Você lembra?

Depois de propor soluções para faltas que você já tinha percebido, e para outras que você só percebeu por causa da sugestão de consumo, a publicidade, finalmente, busca atingir os que não carecem de nada que esteja sendo anunciado.

O atingir aqui significa ter a mensagem recebida, incidir sobre representações, despertar afetos e, por último, alterar comportamentos.

Comprar mais, mesmo quando não há nenhuma falta. Ou melhor, quando a falta que há tem por único objeto o próprio ato de adquirir.

Você já dispõe de muitas malas de viagem. Trocentas gravatas. Mil e um pares de sapato. Um relógio para cada dia da semana. Gorros que se empilham. Meias que não cabem mais na gaveta. Camisas que acabam amarrotando por falta de espaço no armário.

E, ainda assim, o desejo aparece. Por mais uma. Por aquela específica. Mala de dupla face. Ou que vira mochila. Camisa que, embora bem parecida com tantas que já são suas, tem bolso. Ou de manga curta. Essa ainda falta. Pelo gorro como qualquer outro, mas de um azul-petróleo que nada tem a ver com os marinho, turquesa e calcinha que jazem sem uso na gaveta. Ou mesmo rigorosamente idênticos. Mas de marcas diferentes.

A literatura e o cinema exploram o tema com genialidade e o luxo da participação de Meryl Streep.

A maçã e a Eva

O diabo veste Prada. Filme inspirado no *best-seller* de mesmo título de Lauren Weisberger. Comédia romântica que recebeu duas indicações para o Oscar e ganhou o Globo de Ouro. A trama enreda estilistas renomados, marcas conhecidas, produtos de alto luxo. Tudo é apresentado para seduzir a personagem e o público.

Andrea Sachs é uma jovem recém-formada em jornalismo que muda para Nova York com seu namorado, Nate. Busca uma oportunidade de trabalho em um jornal renomado. Envia diversos currículos. Consegue uma colocação na famosa revista de moda *Runway*. Será a segunda assistente de Miranda Priestly, interpretada por Meryl Streep. Miranda é a editora-chefe da revista. Autoritária. Arrogante. Perfeccionista.

Andy é uma moça simples. Não entende nada de moda. Mais que isso, sempre a tomou por um mundo de futilidades. Não se importa com a própria aparência. Adota um estilo despojado. Porém, ao ser contratada, passa a interagir em um novo universo de relações. Torna-se, num primeiro momento, alvo de galhofa pelos colegas de trabalho. Emily Charlton, primeira assistente de Miranda, é a mais ácida em seus comentários.

Andy decide encarar o desafio. Afinal, quer ser bem-sucedida. Para isso, urge tornar-se *fashion*. Recebe ajuda do estilista, Nigel. Pouco a pouco, adapta-se aos padrões da empresa. Muda o visual, bem como suas prioridades. Conquista a confiança de Miranda. Fica à disposição dela 24 horas por dia. Tanto para trabalhos profissionais quanto pessoais. Andy se afasta do namorado e dos amigos.

Aproxima-se a semana de moda mais esperada no ano, em Paris. Emily, a primeira assistente, sonha com essa viagem. Mas é preterida por Andy. Miranda é o centro das atenções. Cercada a todo momento pelos *flashes*. Em meio ao *glamour*, Andy descobre que o presidente da revista quer demitir sua chefe. Tenta de todas as maneiras avisá-la. Mas não consegue.

Miranda, porém, articula e conserva sua posição. Andy sobe mais ainda em seu conceito. Torna-se candidata óbvia a substituir, no futuro, sua chefe. À medida que seu prestígio aumenta, dá-se conta, em raros lampejos de lucidez, de quanto a ambição se impôs à vida. E troféus, que nunca foram os seus, lhe foram impostos goela abaixo.

Lampejo de lucidez

O trecho a seguir contém *spoilers*.

Andy reflete e recua. Percebe quanto tinha se distanciado de seus valores e objetivos de vida. Encontra-se no auge da sua carreira na *Runway*. Precisa escolher o caminho que irá seguir. Voltar a desejar respeitando o que sempre lhe fizera brilhar os olhos ou converter-se numa mulher fria e sozinha, como Miranda.

Reconhece que o mundo da moda nunca foi seu "lugar natural". Em nada alinhado à sua essência. Existência atolada em artificialidades. Em forçações de barra. Volta, então, para Nova York. Pede demissão da revista. Procura emprego em um jornal.

O entrevistador afirma que falou com Miranda. Ela disse que Andy foi, de longe, a sua maior decepção. Mas que ele seria um idiota se não a contratasse. Assim, Andy realiza seu maior sonho.

Consumo, logo existo

O filme mostra o papel do consumo na construção da identidade. Mensagem que assegura ao mundo uma existência socialmente autorizada. Falando como Baudrillard, "consumo, logo existo". Graças a ele somos definidos. E também nos apresentamos.

Discurso definidor de si que aponta o que é singular, específico — aquilo que só aquela pessoa é. Mas, ao mesmo tempo, destaca atributos de pertencimento. De integração a esse ou aquele grupo. E, portanto, de afastamento de outros.

No filme, a empresa e os antigos amigos ocupam extremidades de uma gangorra. Universos opostos e conflitantes. A intensidade da vida social em uma delas implica imediatamente o esfriamento da extremidade oposta.

De fato, o mundo do consumo não pode esperar que você se dê conta do que faz falta. Da lacuna que incomoda. Tudo seria muito lento, caótico e ineficaz. As metas não podem esperar.

Por isso, o capital toma as rédeas. Organiza o desejo. E o publicitário, nesse caso, fabrica a falta para, no instante seguinte, apresentar a solução adequada para o seu preenchimento.

Desejo do "sem noção"

As soluções que a imaginação pode apresentar para o preenchimento de uma falta, de uma lacuna, dolorosa ou desconfortável, devem fazer parte de um repertório de experiências acumuladas ao longo de uma trajetória. Seja por conta de encontros anteriores, experiências de funcionalidade daquele mesmo objeto, ou um análogo, ora desejado.

Assim, você, leitor, pode desejar um barbeador elétrico porque já viu um. Já usou ou viu alguém usar uma capa de chuva, ou uma mochila, que pode ser dobrada e redobrada muitas vezes, ocupando espaços ínfimos. A vantagem é poder acomodá-la facilmente em armários ou malas.

Às vezes, o objeto imaginado do desejo requereu alguma elaboração. Na experiência de outras realidades que, combinadas, permitam a construção, na mente, de alguma coisa ainda não encontrada no mundo, mas ineditamente cogitada.

Dessa forma, você imagina um barbeador movido pelo calor das mãos do seu usuário. Porque reúne, de um lado, um instrumento capaz de fazer a barba e, de outro, a energia proveniente do corpo humano, usada para fazer funcionar outras coisas.

A sua mente, portanto, pôde juntar, ineditamente, duas coisas que, na experiência, foram flagradas isolada e separadamente. Tal como quem imagina um cavalo alado. Por ter um dia visto um cavalo e, em outra ocasião, um pássaro. Reuniu na mente o corpo do cavalo e as asas do pássaro. Obviamente, inexistentes em experiências anteriores.

O poeta argentino Oliverio Girondo, em "A Mí", nos propõe luz poética. Nos trâmites do transe, o desejo tecido na penumbra, e o sonho delirante embevece, entre mandíbulas transitórias, as teclas que nos tocam até o osso do grito. Na sua horrenda vida.

Os mais obscuros estremecimentos a mim
entre as extremidades da noite
os abandonos que crepitam
quanto vinho a mim acompanhado
pelos espelhamentos do desejo*.

Oliverio Girondo, lindamente, justapôs o desejo delirante a sua falência existencial.

É preciso saber desejar

Na hora de preencher nossos vazios, de sanar nossas faltas, há certo saber prático que nos ajuda a viver melhor. Ao longo da vida, vamos aprendendo a não desejar qualquer coisa. Sobretudo o que é impossível. Ou muito difícil de alcançar.

Imagine se, para preencher nossos vazios, desejássemos a presidência dos Estados Unidos, jogar bola como o Neymar, ser belos como Isis Valverde ou Bruno Gagliasso. Estaríamos em

---

* Poema integrante da *Antología de la poesía hispanoamericana contemporánea*, 1914-1970, publicada em 1971 (tradução do autor).

maus lençóis, porque aquilo que a nossa mente imagina como objeto de desejo é claramente inalcançável.

A vida com os outros parece mesmo nos esculpir. E, assim, nos fazer desejar no interior de um orbital do plausível. Para que alguma satisfação seja possível, e a vida não se converta numa via-crúcis de frustrações inexoráveis.

Porém, apesar de nos vermos submetidos a um aprendizado ininterrupto desde o nascimento, nem sempre a formatação social da nossa subjetividade desejante é suficiente para nos enquadrar nos limites do desejável. Há quem conserve seus sonhos impossíveis contra tudo e contra todos.

Como vemos no filme de Clive Donner *Em nome de Deus* — *"Perdoe-nos, Pai, por termos amado".*

Resiliência amorosa

A história se passa na França, no século XII. Abelardo é um famoso filósofo, professor na Catedral de Notre-Dame. Adorado pelos alunos, seguidor dos preceitos católicos, faz voto de castidade. Como era exigido dos professores que ali ensinavam.

Acreditava que permanecer casto era de extrema importância para sua aproximação de Deus, condição óbvia para o exercício de seu ofício docente. Ensinar o pensamento de Jesus. A distância dos prazeres mundanos contribuiria muito para isso.

Heloísa é uma jovem cheia de vida. Linda. Inteligente. Curiosa. Estudiosa. Foi criada num convento. Fora dos padrões da época, hostil à formação intelectual das mulheres. Acaba acolhida pelo tio, o cônego Fulbert. Um nobre que detém sua guarda. Pretende que ela se case com outro nobre, dono de vários castelos na França.

Abelardo, por essas orquestrações do acaso, se hospeda na casa de Fulbert. Consequentemente, passa a morar com

Heloísa. E torna-se seu professor. Bastaram alguns encontros para que surgisse entre ambos poderosa atração. Um genuíno amor platônico. Cheio de desejo, e também de alguma distância entre os amantes.

Além dos dramas de consciência — Abelardo crê aviltar a vontade de Deus —, a aproximação entre docente e aluna também seria condenada por todos.

Com o passar do tempo, a continuidade dos encontros recrudesce a inclinação afetiva. E o casal concretiza em intensa aproximação física, de amor e volúpia, tudo que fora até então cruelmente sufocado.

Os amantes desafiam o clero. Mantêm uma relação clandestina. Abelardo quebra seu juramento para assumir seu amor.

Quando o caso é descoberto por seus alunos, perde a credibilidade docente. Passa a ser ridicularizado por romper com um dos dogmas que defendia com maior fervor: a castidade. Abelardo acaba expulso da casa de Fulbert, tio de Heloísa. O cerco vai se fechando.

Apesar de tudo, o casal resiste. Heloísa engravida. Para evitar mais escândalo, muda-se para Pallet, aos cuidados da cunhada. Nasce Astrolábio. Abelardo viaja para conhecê-lo. O casal retorna para a capital. Sem o filho. No meio da noite, às pressas, numa pequena ala da Catedral de Notre-Dame, sem trocar alianças ou beijo, eles se casam.

O sigilo do casamento não dura muito. O tio de Heloísa se sente ofendido. Frustrado. Resolve dar um fim àquilo tudo. Como castigo pela traição, contrata alguns homens, que invadem o quarto de Abelardo e lhe castram. Pela vingança, Fulbert é banido da igreja e de Paris. Perde o poder e as riquezas que possui.

Abelardo aceita a castração como um justo castigo. Interpreta-o como evidência da fúria de Deus. Promete dedicação à vida cristã. E aceita a ordenação como monge.

Heloísa, por sugestão de Abelardo, também segue a vida religiosa. Ingressa num convento. Vira freira. Apenas para respeitar os desejos do marido. Por seu amor a ele. O casal é separado. Dor e sofrimento.

Mas não acabou. Um abade expulsa Heloísa e todas as suas companheiras do convento. Ela pede ajuda a Abelardo. Este lhe oferece um prédio, que havia construído e se encontrava abandonado. Abelardo visita as monjas com frequência. Faz pregações especiais.

Não demora muito as más línguas começam a difamá-lo. A fim de preservar Heloísa e suas companheiras, ele se afasta. Abelardo e Heloísa se dedicam a uma vida de trabalhos e estudos para suportar a separação. Comunicam-se por meio de cartas.

Abelardo morre. Heloísa morre 22 anos depois. Seus restos mortais são depositados ao lado dos de Abelardo.

Desde então os dois permanecem juntos.

Maravilhoso exemplo de um desejo tão intenso que leva seus protagonistas a enfrentarem as mais cruéis represálias da ordem civilizada.

A civilização ganha sempre

Sabemos que casos assim acontecem até hoje, com algumas adaptações de estratégia e julgamento. Mas são raros. O mais normal é deixar pra lá. Ante os primeiros obstáculos, instâncias psíquicas de autoproteção entram em ação.

Tristezas e esperanças medem forças na arena da alma. Na balança das emoções. No braço de ferro dos afetos. Da plateia assistimos às emoções decidirem por nós.

Logo a razão encontrará bons motivos e fundamentos para a decisão tomada. Fazendo do afeto vencedor um discurso articulado, uma boa justificativa, com chances de ser aceito por si mesmo e por quem possa se interessar.

Sublimar o desejo.

Substituição operada sem o nosso controle consciente. Assistimos, em nós, a uma troca. No lugar de desejar o beijo em um ator ou em uma atriz famosa, vamos com tudo encher a cara de cerveja. Ou de torta de morango. A literatura freudiana sobre sublimação vai ao infinito. Maravilhoso caminho conceitual para o entendimento da nossa psiquê.

Se na sublimação contamos com forças que não controlamos, com a consciência e a vontade para nos ver livres do que não convém desejar, ainda nos resta a possibilidade da luta contra objetos de desejo que consideramos indignos e ofensivos a princípios morais que, livremente, decidimos respeitar.

É o caso de alguém que se sente atraído pela esposa do melhor amigo. E, como não aceita — nem remotamente — a possibilidade de uma abordagem, fará de tudo para substituir seu polo de atração por qualquer outra coisa, de maneira a tornar a vida mais vivível, mais suportável.

Essa dificuldade aumenta — e, talvez, aí a nobreza da moral, a sua graça e razão de ser — quando o objeto do desejo se mostra ao alcance. No exemplo, se a mulher do amigo der mole. Mostrar-se interessada. Facilitar o caminho. Oferecer-se.

Aí, fica tudo na mão de quem deseja.

E, ainda assim, sabemos que, mesmo em caso de grande atração, de inclinação acentuada, de desejo candente, é possível, na intimidade da consciência, deliberar contra toda a aproximação considerada, na moral, indigna e inaceitável. Assim é o desejo pela mulher do melhor amigo.

Desejo de permanência

Os franceses chamam "sustentabilidade" de *durabilité*. Um valor presente, que nos ajuda a decidir o aqui e o agora, que tem como referência o mundo imaginado no devir. O que, supomos, acontecerá mais tarde.

Assim podemos agir de maneira a poder continuar agindo. Não aceitar jogar comprometendo o futuro do jogo. Não vencer arruinando as condições de vitória. Não lucrar comprometendo o lucro do amanhã. Há, portanto, desejo de permanência. Que o digam os defensores do meio ambiente.

Mas esse desejo de que as coisas possam, em parte, continuar como sempre foram seria um desejo de presença? Um desejo que não teria nenhuma falta por objeto?

O amanhã hoje nos escapa.

No famoso diálogo entre Sócrates e Agatão, descrito no *Banquete*, surge a possibilidade de alguém ser rico e desejar ser rico. Ora, se desejar ser mais rico do que é, deseja a riqueza que ainda não é sua. Portanto, o dinheiro que falta. O desejo é pelo ganho suplementar. Pelo excedente.

Também podemos ser ricos hoje e desejar continuar ricos amanhã. Em outras palavras, o desejo pela conservação da riqueza. Desejo de uma riqueza sustentável. Haveria, nesse caso, um desejo na presença, sem nenhuma falta.

O argumento de Sócrates é o de que a riqueza que é é a de agora. A riqueza de amanhã ainda falta. Porque, como o amanhã não é, a riqueza no amanhã, tampouco. Desejar continuar sendo rico, bem como continuar sendo forte, belo, saudável, no futuro, é, sim, uma pretensão do que ainda não é. E, portanto, na falta. Do que dispomos hoje, mas que, no amanhã, hoje nos escapa.

Capítulo 11

"só assim livrar-me-ei de ti, pernilongo fdp"

● ● ● ● ● ● ●

Quando há desejo, é possível não se perguntar sobre nada. Vivê-lo sem mais. Sem nenhum desfocamento crítico. Ou problematização. Jogar-se de cabeça. Sem muito saber. Ou querer saber. Sem ponderar princípios. Nem medir consequências.
Como sugere Alexandra Jacob em "Eternidade".

> O desejo voa sem asas
> Faz morada no peito inquieto...

O poema compara o desejo e um voo sem asas. Para ambos, não há muita explicação. Não conseguimos identificar a causa. Um voo sem asas não deveria acontecer.
Da mesma forma, ambos se lançam, destemidamente, no espaço sem referências. E, finalmente, se veem atraídos pela gravidade, pelo choque, pela destruição e pelo fim.
O desejo faz morada no peito inquieto. Estado d'alma de quem resolve encarar o planeta inteiro de peito aberto dispondo apenas do próprio corpo em queda livre.

Com efeito, não há desejo na paz, tampouco na quietude. O desejo procura o peito inquieto porque é ali o seu lugar, seu habitat. Requer tormenta da alma para se sentir bem. Espaço onde pode florescer, encorpar.

Em peito apaziguado, em calma e ataraxia, o desejo dará com o nariz na porta.

Como sugere nossa Hilda, desejo que honra as calças que veste implica "querer doloroso", caminhar "em direção aos ventos, aos açoites", "extraordinário turbilhão"*.

Desejosos de carteirinha são assim. Rendidos por completo. Cem por cento entregues ao mundo que atrai. E despidos de toda avaliação ou juízo sobre as sensações.

É o caso do diabético, ou do obeso, que não pode ver doces, do alcoólatra que está sempre atrás de molhar o bico, do hipertenso que se não puser um salzinho não vê graça nenhuma na comida.

É também o caso do cônjuge que conta os dias para encontrar sua concubina. Do jogador no cassino que já dilapidou a fortuna familiar, mas ainda procura algo que vender para tentar sua última sorte.

Do perdulário gastador que já perdeu seu crédito, mas, fazendo-se de vítima ou aplicando pequenos golpes, conta com gestos de generosidade ou distração para comprar o que for.

Todos eles bem cientes de que a satisfação de seus desejos implicará complicações.

Um primoroso poema se espalha pela internet. De autoria desconhecida, mas frequentemente atribuído à Drummond. Propõe adorável e irritante tangência entre desejo e espírito atormentado no violino de um pernilongo.

---

* "Do desejo", parte do livro homônimo lançado em 1992.

Esta noite recolho-me mais cedo,
para na mesma cama te esperar.
Quando chegares quero te agarrar com avidez e força.
Quero te apertar com todas as forças de minhas mãos.
Só descansarei quando vir sair o sangue quente do teu corpo.
Só assim, livrar-me-ei de ti, pernilongo filho da...

O desejo parece engajar. Em face da natureza que deseja, o mundo se oferece em estímulos sem fim. Enredando e submetendo.

Por isso, toda operação da razão que possa levantar óbices à satisfação e ao prazer requer esforço. Converte-se num contrafluxo. Numa luta contra a corrente. Como tudo que produz efeito desencantador.

Não raro, relações de afetos intensos cobram de seus agentes essa entrega sem freios. Desejo avassalador. Atração sem hesitações. Sem ponderações. O amante, que crê se entregar de corpo e alma, não aceita nada menos do que tudo em reciprocidade.

Veja em "O convite", de Oriah Mountain Dreamer.

> Não me interessa o que você faz para viver.
> Quero saber o que você deseja ardentemente.
> E se você se atreve a sonhar em encontrar os desejos do seu coração*...

Quem de nós, querido leitor, não gostaria de ouvir isso daquela pessoa que ama?

---

* Disponível em: https://dharmalog.com/2012/02/24/o-vigoroso-poema-manifesto-de-oriah-mountain-dreamer-o-convite-o-que-quero-saber-de-voce/. Acesso em: 26 fev. 2019.

Governados de fora

Como desejamos o tempo todo, nem sempre nos dispomos a avaliar criticamente o mundo que nos atrai ou nos provoca repulsa. Em muitos outros casos não conseguimos. Sequer nos ocorre, de tão enredados. Perda de controle. À deriva. À mercê. Podemos, portanto, permanecer provisória e temporariamente alienados.

A palavra "alienação" nos remete a uma exterioridade. Indica situação em que, de alguma forma, a vida é vivida fora de si. Ou comandada de fora. Regida por variáveis exteriores. Quando, por exemplo, só respeitamos a lei — ou agimos dignamente — por medo de alguma consequência nefasta.

Existe, em toda alienação, um componente de escravidão. Fácil de entender.

Se você respeita a velocidade por conta da presença de um radar, sua conduta está sendo regida por ele. Se for pela presença do policial, a mesma coisa. Ora, quando as decisões da vida são tomadas por uma vontade outra, distinta daquela de quem vive, não há liberdade. Há escravidão.

A diretora pedagógica reúne os pais para apresentar seu mais engenhoso invento. Uma câmera em cada sala de aula. E adverte os alunos: "Crianças, a partir de agora terão que se comportar, porque vocês estarão sendo filmados em todas as aulas".

O bom comportamento foi rigorosamente vinculado à presença de um artefato repressivo. A possibilidade de discernir sobre a melhor conduta na livre e soberana consciência moral, por intermédio de uma educação emancipadora, dá lugar ao medo e à escravidão.

Escravos das paixões

E no que diz respeito ao desejo? Bem, nesse caso, para muitos pensadores incríveis, seremos sempre regidos por ele. Submissão, por vezes, devastadora. De tanto querer, a não querer acaba chegando. De esperar tanto, quando não há espera, "passa o coração do frio ao fogo". Ao menos para Pablo Neruda, no seu "Soneto LXVI".

Nessa implacável submissão, tudo que nos vem à cabeça serve apenas para justificá-lo. Serve à servidão, como diz David Hume.

Nesse caso, não haveria nenhuma chance de liberdade. Zero de autonomia. Do tipo, sinto-me atraído, mas não devo. Adoraria, mas não me sinto autorizado. Tantos exemplos foram dados nos parágrafos anteriores.

Como poderia a razão, que carece de combustível, deliberar na contramão do mesmo?

Sim, o pensamento requer energia. Sem ela, a atividade intelectiva vai se tornando lenta. Até ser desativada por completo. Se você já fez dieta severa de restrição alimentar, deve ter entrado num estado denominado cetose. Que muitos, bem-humorados, chamam de bobose. Quando as mensagens de entendimento mais imediato despertam reação tardia e claudicante.

Mas, se a nossa razão não segura a onda das nossas atrações, o que segura, então? A pergunta se justifica. Afinal, são tantas, mas tantas as situações que você, leitor, parece não se autorizar a inclinação, mesmo em desejo pra lá de intenso.

Ontem mesmo, em andanças pelas catacumbas dos antiquários, deparei com um lustre de madeira rústica que faria da cabana de Serra Negra um palácio. O erro foi escancarar o encantamento na frente do dono. Perguntei pelo preço. E os reais tocaram trombetas compatíveis com as odes palacianas.

Ouvi, avaliei, constatei que estava sendo achacado, sorri, identifiquei o motivo do achaque, corrigi a estratégia e concluí que o tamanho era incompatível com o pé-direito do meu cafofo. E que uma coisa era madeira rústica, outra eram aquelas imperfeições lascadas que teriam arrefecido por completo o meu entusiasmo.

Os reais pomposos anunciados no preço inicial foram se convertendo em indistintos e simplórios republicanos. E, depois de meia hora detonando o lustre, pude adquiri-lo por um preço mais justo.

Nada como um estágio na China para nunca aceitar de cara o preço pedido.

Então, caro leitor. Essa de meros escravos dos desejos parece não funcionar sempre de maneira tão límpida. Neste caso do lustre, a estratégia triunfou. Ponto para a razão articulada. Vitória do alinhamento cogitado entre meios e fins.

O que talvez tenha demandado certo controle emocional. Um domínio de temores e esperanças. Afinal, toda barganha pressupõe o risco de ter que abrir mão do objeto barganhado a qualquer momento.

Não houvesse essa possibilidade, ninguém ousaria propor toda uma teoria de escolhas racionais.

Afeto *versus* afeto

Tudo bobagem, dirão alguns pensadores. E olha que não quaisquer.

Para Hume, só afeto enfrenta afeto. Jamais uma ideia. Um conteúdo de consciência.

Os afetos, que nada mais são do que energia em trânsito, esses, sim, podem se enfrentar, se opor. Como vetores. Que eventualmente têm mesma direção, mas sentidos opostos.

Dessa forma, um desejo, que determina inclinação para a frente, poderá ser anulado por um temor, de igual ou maior intensidade, que determina inclinação para trás. Ou vice-versa. Uma aversão inicial pode ser vencida por uma curiosidade incontida. Que nada mais é do que desejo de saber a respeito de alguma coisa do mundo, ignorada até então.

Assim, se a jovem se deixou atrair pelo belo rapaz na balada, mas não permitiu inclinar-se com a ousadia que se fazia necessária para ultimar uma aproximação física mais efetiva, não foi por ter refletido na hora sobre a importância do respeito à fidelidade para a construção de uma sociedade — ou mesmo de uma humanidade — mais harmônica, justa e feliz.

E sim por medo. De que seu próprio namorado ficasse sabendo. De que a namorada de seu *crush* — notória barraqueira — não curtisse a concorrência e resolvesse partir para a porrada. De que a iniciativa lhe valesse alguns respingos numa notoriedade já abalada por situações análogas do passado.

O valor do mundo desejado

Nesta hipótese de soberania das paixões, tão bem apresentada por Hume, o valor das coisas do mundo seria definido pela atração que exerce sobre nós. Pela inclinação que determina. Podemos dizer que as coisas do mundo são, necessariamente, valorizadas pelos nossos desejos. Certeza de que nunca estaremos privados da capacidade de atribuir valor ao mundo. Pela essencialidade do desejo. Que está sempre em nós.

Esse querer encontra-se graciosamente apresentado no filme *Cartas para Julieta*, com a participação dos astros do cinema Vanessa Redgrave e Franco Nero. O trecho a seguir contém *spoilers*.

O desejo de reencontrar um grande amor e vivê-lo. Depois de 50 anos! Aqui, o desejo resistiu ao tempo.

A história nos mostra Sophie, uma aspirante a escritora. Trabalha apurando fatos, mas almeja tornar-se uma jornalista da revista *The New Yorker*. Viaja com o noivo, Victor, para a Itália. Um jovem chef talentoso, apaixonado por seu trabalho, que está prestes a abrir o seu próprio restaurante nos Estados Unidos.

Os dois vão a Verona, palco da história de Romeu e Julieta. Local perfeito para uma lua de mel antecipada. Porém, ele está mais interessado nas visitas aos fornecedores de seu restaurante do que numa viagem romântica.

Nos primeiros dias, Sophie acompanha o noivo. Conhecem produtores de vinho e de massa. Depois, um tanto entediada, ela o deixa trabalhar sozinho.

Determinada a não ficar trancada em um quarto lamentando pela insensibilidade de Victor, vai passear pela cidade. Encontra a Casa de Julieta. Um local onde mulheres do mundo inteiro escrevem cartas. São corações apaixonados que buscam conselho e alento.

Sophie fica fascinada com a quantidade de correspondências. Checadora de fatos, com espírito de repórter, ela observa. Ao fim do dia, a jovem Isabella recolhe as cartas deixadas no muro. Coloca-as numa cestinha. Sophie segue a moça. Chega a uma grande sala onde um grupo de voluntárias responde às cartas amorosas. São chamadas de Secretárias de Julieta. Isabella a convida para ajudá-las. Ela aceita. Afinal, quer escrever.

Sophie encontra uma antiga carta de amor, escrita há 50 anos, assinada por Claire Smith. Uma inglesa que havia passado algum tempo em Verona, a cidade do amor. Tinha se apaixonado perdidamente por um rapaz, um camponês chamado Lorenzo Bartolini. Mas sua família a havia levado de volta para a Inglaterra. Ela pergunta a Julieta o que deve fazer da vida.

Mesmo depois de tanto tempo, Sophie responde à carta. Passa a tarde inteira escrevendo para Claire.

Depois de alguns dias, para sua surpresa, Claire aparece em Verona. Procura a sua Julieta. Conhece Sophie. Agradece e resolve seguir o seu conselho. O desejo é pelo reencontro. Vai arriscar e partir em busca de seu amor de juventude, Lorenzo. Se o desejo prevalece, nunca é tarde para viver um grande amor.

Claire está acompanhada do neto, Charlie, um jovem advogado que reprova a aventura da avó viúva. Tem medo de que ela saia magoada. Já Sophie se oferece para ajudá-la a descobrir o paradeiro de seu amor da adolescência. Pensa que esse romance pode render uma boa reportagem. Tarefa nada fácil, uma vez que existem muitos italianos na região com o mesmo nome.

A velha dama inglesa simpatiza com a garota americana que escreveu a carta em nome de Julieta. Bem ao contrário, Charlie e Sophie nutrem imensa antipatia um pelo outro. Mas, durante a viagem, se apaixonam.

Quando estavam quase desistindo, Claire encontra seu grande amor. Decidem se casar.

Sophie volta para os Estados Unidos, leva a sua história para publicar. Percebe que deve terminar o seu noivado, já que se apaixonou por Charlie. Ela recebe o convite de casamento de Claire e Lorenzo e decide voltar à Itália. Lá encontra Charlie e os dois finalmente ficam juntos.

É um filme cheio de romance num dos lugares mais bonitos da Itália. *Cartas para Julieta* mostra que o desejo pode durar longas décadas. Pode mover para o encontro. Para a tão esperada felicidade!

Se somos essencialmente desejo, toda atribuição de valor é determinada pelas atrações e aversões em face de tudo que se apresenta a nossa experiência. As coisas da natureza, aquelas produzidas pelo homem, suas ações, seus discursos, seus pensamentos. Não poderíamos parar de desejar para julgar.

Assim, nunca haverá neutralidade. Porque o mundo não é apreendido por nós como tal. Mas segundo a nossa perspectiva, o nosso olhar, o nosso repertório e, também, nossas células e nossos hormônios. Nosso existir no mundo é inclinado. Diante dele, ou nos aproximamos, encurtando distâncias, ou nos afastamos.

Dessa forma, o desejo se encontra na raiz de todo tipo de saber a respeito das coisas que nos cercam. Afeta toda a nossa percepção do mundo. Vemos, ouvimos, imaginamos em função de como desejamos. Nossas elucubrações, encadeamentos de ideias, abstrações tampouco estão imunes ao que os atrai. Todo juízo sobre o mundo, com maior ou menor consciência de quem julga, encontra-se enviesado por nossas inclinações.

O valor do resto

O desejo pelas coisas do mundo não só permite ou determina a avaliação destas e o valor que terá para quem as deseja. O desejo também permite atribuir valor a todo o resto. A tudo que se encontra em volta e que não é seu objeto imediato.

Porque, no meio desse resto, há tudo que facilita, favorece e aproxima do objeto do desejo. Que, por isso, receberá valor instrumental positivo. E haverá também aquilo que distancia, dificulta ou até inviabiliza a aproximação do mundo desejado. A que atribuiremos valor negativo.

Lógica da adulação. Alegramo-nos em dar causa à alegria daquele que decide a nossa sorte. Que nos supera em poder e hierarquia. Esforçamo-nos por afastar toda causa da sua tristeza. Como também por fazê-lo pensar na possibilidade grande de ocorrência daquilo que lhe alegraria.

Somos parceiros da sua luta pela potência. E, assim, acreditamos que, ao identificar em nós a causa de sua alegria, possa deliberar a nosso favor. Recompensando-nos. Brindando com satisfação nossas carências. Preenchendo de presença nossas lacunas. Concedendo-nos o desejado. E nos alegrando. Finalmente.

Águas de Lindóia

Lembro-me de Elisabete. Moça de Águas de Lindóia que, na faculdade de jornalismo, determinava em mim eflúvios de potência ao mero aparecer. Linda aos meus olhos. E aos de muitos outros mais.

Adorava macarronada com molho à bolonhesa. Suficiente para fazer de mim um aprendiz. Candidato a especialista. Empenhei-me. Tornei-me um leitor voraz de livros de gastronomia italiana. A arte da boa massa. E do melhor molho.

Com certeza, aprendi sobre macarrão mais do que sobre qualquer outro tema naquele curso. Porque o desejo por Elisabete fez do macarrão a única temática interessante. Do saber sobre ele, o único legítimo. E da sua execução, a única prática pela qual zelava com todas as minhas forças.

Essas aproximações ajudam a explicar muito do que sentem por nós as pessoas que nos circundam. Porque, sem querer, perceber ou fazer nada para isso, podemos, pela nossa simples presença, ser elemento facilitador da satisfação do desejo de quem se encontra a nossa volta.

E, por isso tudo, seremos dignos de seu apreço, simpatia, aplauso. Quem sabe até do seu amor.

Discípulo de Sherlock

Lembro-me de um colega da faculdade de direito. Louco por crimes famosos e investigações cabeludas. Quando soube que meu pai — que tinha o meu nome sem o "Filho" — dirigia a seção de crimes contra a pessoa do Departamento Estadual de Investigações Criminais, tornou-se um parça como poucos.

O leitor dirá: gente interesseira. De amizades assim ninguém precisa. Claro que pode ter razão. No caso de o colega não ter mesmo nenhum apreço por mim, mas para se aproximar do meu pai, fingir afinidades comigo.

No entanto, nem sempre acontece como você sugere, caro leitor.

Por quê? Porque essa transferência afetiva pode ser bem genuína e nada hipócrita. A esperança de obtenção de alguma coisa desejada pode mesmo tornar alegrador o meio ou instrumento que permite a ela aceder.

Cama elástica

Marina foi atleta de alto nível. Ginasta de trampolim. Que corresponde à cama elástica dos leigos. E nada tem a ver com saltos ornamentais na piscina. Tornou-se fisioterapeuta da Confederação Brasileira de Ginástica. E hoje é árbitra internacional do mesmo esporte.

Pediu-me para acompanhá-la nos Jogos Olímpicos do Rio de Janeiro. No dia do trampolim, claro. Aceitei.

Fui por causa dela. Não iria nunca a esse evento não fosse pela sua companhia. Mas genuinamente me interessei pela coisa. Para poder interagir. Para atribuir algum sentido ao que dizia. Para socializar com seus amigos. Enfim, para alegrá-la. E para que ela identificasse em mim a causa dessa alegria. E, assim, não cogitasse nunca me abandonar.

E eu, que conto com a sua presença para me alegrar, acabei chegando à Vila Olímpica de mototáxi. Num percurso periclitante, em alta velocidade, desde o Galeão. Única forma de assegurar pontualidade. Tudo em luta contra a possível tristeza, determinada por uma eventual ruptura de relação. Quando o companheirismo é posto à prova.

Acabou dando tudo certo.

Lembro-me de uma festa em Avanhandava, interior de São Paulo. Quinze anos de José Cláudio. Um garoto gente finíssima. Filho de Jorge, amigo de meu pai. Fomos os dois, meu pai e eu.

Primeira parada, Lins. Com direito a embarque na Estação da Luz e longa viagem em trem de novela de época. Depois, de carro até o destino final. Estava no primeiro ano do ensino médio, com meus 13 anos.

Ficamos hospedados na casa de umas primas do aniversariante. Eram cinco. Filhas de libanesa e português. Capazes de desregular corações adolescentes de baixíssima imunidade. Uma delas tinha a minha idade. Vanda.

Ao chegar, convidou-me, sem nenhuma frescura, para jogar pingue-pongue.

A vida apresenta dessas situações radicalmente inéditas. E, portanto, inesperadas. Afinal, na escola ou em qualquer outro lugar, nunca houvera despertado nem compaixão junto às colegas.

Resultado devastador. Paixão de entorpecer. Ruptura total com o já vivido e as poucas certezas acumuladas. Com rudimentos de projeto para o devir. Nada importava. Nada valia. Os tempos da alma se rebelaram ante os relógios. Segundos de eternidade. Sem dias ou noites.

Fazia sucesso Gilberto Gil com canção de Bob Marley, "Woman No Cry". Ainda hoje, algum programa de *flashback* em FM me transporta para Avanhandava com suas cores, odores e horrores.

Partida mais dolorosa não houve.

Mas Vanda gostava de José Cláudio, que, por sua vez, adorava coisas de ficção científica. Seu nome, bastava ele, para despertar tristeza. Não descia nem o Cláudio nem o José. Quanto à ficção científica, bem, não precisei forçar nadica de nada para odiar até hoje, com todas as forças, tudo que fizesse alusão ao futuro e suas técnicas.

Soberania da razão prática

Já para outros pensadores, incríveis também, podemos, sim, fazer triunfar nossa liberdade por intermédio de uma vontade soberana. De uma razão que pode se desenredar. Descolar-se de toda a rede de afetos. Avaliar de longe. A si mesmo.

Como sugere o genial alemão Immanuel Kant.

Se podemos falar em moral, é porque aceitamos a possibilidade de um recuo em face dos próprios desejos. De um juízo de razão sobre toda atração ou repulsa. Sobre o valor do objeto que nos atrai. E sobre a conduta necessária para alcançá-lo.

Porque é possível respeitar normas e princípios socialmente estabelecidos em plena liberdade. Após deliberação racional. Certeza de se tratar da forma justa de agir. De viver. De conviver. De interagir.

O que nos tornaria aptos a nos perguntar sobre o aceitável e o inaceitável no próprio comportamento. Se pretendêssemos que qualquer outra pessoa, em situação análoga, seguisse o mesmo jeito de pensar, respeitasse o mesmo princípio, agisse pelas mesmas razões.

Parecem corroborar as afirmações de Kant os milhões de situações vividas em que abrimos mão de um desejo por conta de alguma consideração, ideia ou argumento que nos veio à cabeça na hora de satisfazê-lo.

Como aquela jovem que, mesmo seduzida pelos galanteios do personal sedutor, não lhe concede o beijo solicitado. Ou ainda a jornalista Alessandra D., mulher incrível, que não parece deste mundo. Pela firmeza moral que norteia todas as suas ações. Sejam quais forem seus desejos. "Não fico com homem casado", repetia ela. "Por princípio."

E o candidato a posto de alto comando, com alta remuneração e prestígio, na alta cúpula da iniciativa privada, que, na concorrência final com um amigo, recusa-se em entrevista a relatar tudo que sabidamente comprometeria a candidatura que o ameaçava. E, em firme resposta, frustra seu entrevistador. "Não me aproveito de informações de que disponho, consequência de relações de amizade, para obter vantagem, seja ela qual for. Por princípio."

Essas manifestações podem não ser as mais corriqueiras. Mas existem. Decorrentes de uma possibilidade. De olhar com outro olhar. Desejar e ter consciência do desejo.

Ao mesmo tempo, poder tomá-lo como objeto da crítica, da inteligência. Um caso na história nos basta para que tenhamos certeza empírica de que a possibilidade existe. De enfrentamento e recusa ante qualquer inclinação desejosa. Em nome da autonomia da razão.

Capítulo 12

"plenitude do que não tivera"*

• • • • • • •

Você fez barba e cabelo. Porque tudo deu muito certo. Na mesma semana, promoção no trabalho, vitória do seu time, derrota dos principais concorrentes e, como se não bastasse, aquela colega da faculdade, há tanto tempo cortejada, diz que rompeu seu namoro e pede consolo. Há semanas assim. Mais frequentes na vida alheia, é verdade.

Mas essa é a sua vez. Você vai de conquista em conquista. É satisfação que não acaba mais. Porque desejos podem mesmo morrer em berço esplêndido. Findar em plenitude. Extinguir-se na saciedade. Encolher-se nos fluxos da satisfação. A escalada na mesa, em direção ao bolo de chocolate, pode culminar no encontro, na posse. Na degustação e satisfação.

Mas o contrário também acontece. Com bastante frequência, aliás. O que fora desejado não se realiza. O movimento em direção ao seu objeto não termina como imaginado. Frustração.

---

* Trecho de "Super flumina Babylonis", conto de Jorge de Sena publicado em *Antigas e novas andanças do demónio*, 1966.

Distância que não se reduz. Inclinação que não alcança. Aproximação que não chega.

De ti, que vigio, enquanto ao longe despertas. Tão distante de mim, e de outros, tão perto.

Como lembra Shakespeare no seu "Soneto LXI".

É teu desejo que tua imagem mantenha abertas
Minhas pesadas pálpebras nesta fatigada noite?
Desejas que meu sono se quebre,
Enquanto as sombras zombam ao me ver?
É teu espírito que envias até a mim
Tão longe de casa, para me bisbilhotar,
Para desvendar meus erros e ociosas horas,
Mantendo vivo e aceso o teu ciúme?
Ah, não! Teu amor, mesmo imenso, não é tão grande;
É meu amor que deixa meus olhos despertos,
Meu amor verdadeiro que corrói meu descanso,
Para manter-me em vigília por tua causa.
A ti vigio, enquanto ao longe despertas,
Tão distante de mim, e de outros, tão perto.

O leitor terá milhões de exemplos de frustração. E eu muitos mais.

Mas poucos contam com tanto sentimento a dor de uma expectativa não realizada como Benito di Paula. O desejo era ver a sua escola desfilar. Estava tudo pronto. Muitos investimentos feitos. Em noites a fio dormidas em "Retalhos de Cetim". E ela? Bem, ela tinha jurado desfilar para ele. Mas chegou o Carnaval...

"E ela não desfilou, eu chorei na avenida, eu chorei. Não pensei que mentia a cabrocha, que eu tanto amei."[*]

---

[*] Faixa-título do álbum de Benito di Paula lançado em 1973 (Copacabana).

Satisfação que não alegra

Estávamos dizendo que o desejo pode terminar na realização do objeto desejado e na certeza da frustração.

Fiquemos, agora, com o primeiro caso. O desejo morre na posse. Porque deu tudo certo. O encontro com o mundo se realiza como esperado. A inclinação desaparece no abraço apertado. A criança, com a boca cheia de bolo, retoma a verticalidade para degustá-lo.

Objetivamente o mundo desejado está no papo. O que faltava não falta mais. Aquele moço tão lindo encontra-se de joelhos e anel na mão. O carro do cunhado pedante está na sua garagem. Igualzinho. A taça de campeão brasileiro de futebol dá volta olímpica. Empunhada pelo capitão do seu time. Tudo como sonhado.

Pode ocorrer aqui uma coisa bem chata. A despeito dessa coincidência quase perfeita entre o imaginado e o realizado, não há alegria. Nenhum afeto positivo. Você tem o que queria, mas não está feliz. A criança tem o brinquedo que tanto pedira, mas não desfaz o bico.

O negociante, após vender todo o estoque e encher o caixa, volta pra casa resmungando e lamentando sua sina. No motel, o homem ou a mulher dos seus sonhos até que se esforça, mas não faz badalar nenhum sino de corpo em prazer.

De fato. Quantas e quantas vezes esperamos muito para encontrar alguém. Encontro vivido na mente milhões de vezes. Esperado segundo a segundo. E, quando se realiza, apequena. Frustra. Se tivesse que tirar exemplos de minha trajetória, lembro-me de ter dado causa a inúmeras frustrações. Muito mais do que de sofrê-las.

O múltiplo e o uno

Assim podem ser nossas primeiras experiências sexuais. Como também as segundas, terceiras... Antecipadas na mente muitas vezes. Com parceiros diferentes. Atributos distintos. Em lugares de todos os tipos. Com as mais variadas formas de aproximação e sedução. Trajados cada hora de um jeito. Os mundos possíveis na mente não encontram limites.

Pobre do parceiro de carne e osso. Que é um só. E nunca poderá ser cada dia de um jeito.

Que, por ter a estatura que tem, não pode ser nem mais alto nem mais baixo. Nem mais encorpado, nem mais mirrado. Nem mais musculoso, nem mais franzino. Nem mais pernalta, nem menos braçudo. Tendo a cara cortada, jeito rude e barba em batalha, não poderá, ao mesmo tempo, ter jeito de *yuppie*, sovado em academia, zerado de pelos e nutrido a pílulas.

Sem falar do lugar.

Na imaginação, aquele encontro de amor inaugural pode ocorrer na aeronave em lua de mel; no dia seguinte, a bordo de um transatlântico, ou sobre o feno de uma estrebaria; num hotel de luxo em São Petersburgo, no deserto do Atacama, num cemitério em Buenos Aires; perto do estádio, depois de uma vitória inesperada do time do coração.

Tanto o parceiro quanto o cenário do encontro em carne e osso — por mais Macedônia que seja em balão — nada podem contra a desmesura das quimeras em voz alta ou baixa. Devaneios curtidos na carência fazem gato e sapato de qualquer realidade.

Dessa forma, o mundo, enquanto desejado, mostrava-se colorido, atrativo, cheio de formas exuberantes. Mas, na hora do encontro e do contato, revela-se meio murcho. Flácido. Pálido. Sem gosto. Reduzido ao tédio do uno e do indivisível.

Mais brochante, impossível

O desejo descrito abaixo, por um jovem de 25 anos, colaborador de uma empresa onde palestrei, quase sempre é seguido de uma disfarçada decepção, terminada a performance.

— Sempre quis assistir a uma palestra sua. Assim, ao vivo. Finalmente hoje terei essa oportunidade.

(No final da palestra, durante fotos e autógrafos:)

— E aí, gostou?

— É, gostei. Mas, no final, é como se fosse uma aula mesmo, não é?

Mais brochante, impossível.

— Se eu soubesse que era só isso, não teria nem vindo.

Fernando Pessoa, que, certamente, nunca levou uma dessas, nos propõe a respeito o fragmento que segue. Em "O andaime".

Gastei tudo que não tinha.
Sou mais velho do que sou.
A ilusão, que me mantinha,
Só no palco era rainha:
Despiu-se, e o reino acabou

Ora, como aquela ilusão que o mantinha só era rainha no palco, ao se despir (fora do palco), o reino tinha mesmo que acabar. No palco, o desejo pela rainha. Na alcova, a posse. A rainha despida. E o reino que se acaba. Ganhou, levou, mas não gostou. Sem desfrute. Não houve júbilo.

Caberia, portanto, investigação sobre a causa dessa decepção. Será que a palestra é mesmo muito mais sem graça do que a imaginação prévia tão auspiciosa? Será que o mundo encontrado é mesmo tão inferior ao que imaginávamos?

Será que a riqueza das experiências imaginadas jamais poderia se traduzir em vida de carne e osso? Será que a redução da infinitude da produção do imaginário, numa única e singela vida vivida, é sempre empobrecedora? Ou, ainda, será que, toda vez que um desejo acaba, nossa essência se desequilibra?

Será que desejamos desejar? Precisaremos demais da falta para viver? Será que não fomos feitos para o equilíbrio e a satisfação? Será que a plenitude nos é estranha e incomodativa? Será que a nossa posição é mesmo a inclinada?

Afinal, uma vez um desejo satisfeito, novos aparecem. Imediatamente. E, quando nenhum desejo aparece, a vida parece ir sumindo. Empalidecendo. Imobilizando-nos em melancolia profunda.

Detonando os escapes

Na tão exaltada reconciliação com o real, no instante da vida em curso, há quem condene com o mesmo rigor o passado — entendido como presente dedicado a imaginar o que já aconteceu — e o futuro — a imaginação, no instante imediato, do que está por acontecer.

A reflexão me atinge em cheio. Admito passar quase o tempo todo tentando escapar do instante imediatamente vivido. Do mundo percebido naquele momento. Na solidão das salas de embarque. Dos deslocamentos noturnos em ônibus. E do resto da vida.

Ora me lembrando do que já aconteceu. Para mim, essa tem sido a tendência mais óbvia. À medida que vou envelhecendo de vez. Ora antecipando o que está por vir. Porque ainda preciso ganhar a vida. E pensar em como fazê-lo.

Pascal, por exemplo, não alivia minha barra. Atira para a frente e para trás. Denuncia toda a vida vivida em tempos que não são os nossos. Todo o presente que vagueia, pela imaginação entre o já vivido e o ainda por viver. Para Balzac, "o amor é a única paixão que não admite nem passado nem futuro".

Dá até para entender tanta ênfase na condenação de certos tempos. Se o mundo nunca sai da sua frente, está sempre ali, pedindo para interagir, e o distinto leitor, tanto quanto eu, encontra-se, naquele instante, ora em lembrança, ora em espera, a vida desse instante encontra-se fragilizada.

Porque parte de nós vive aquele presente da vida, e a outra parte, embora também o viva, tem por objetos de devaneio o passado e o futuro. O élan vital se fragmenta. A potência se divide. E se reduz.

A sugestão é que, se houvesse alinhamento de corpo e alma, ambos numa só *vibe*, aí a intensidade da vida aumentaria. Estou aqui e agora, focado nas coisas do aqui e agora, antenado no que está rolando no mais imediato, e não tenho espaço mental nem para retomar o já vivido, nem para antecipar o devir.

As alegrias, nesse caso, seriam vividas a plenos pulmões. O amor balzaquiano pelo mundo seria pleno.

E as tristezas, bem, essas corroeriam até a medula.

Valor da lembrança, valor da esperança

Mas há quem proponha nuances. Sobretudo ao considerar a fase da vida em curso. Como julgar alguém gravemente debilitado que escapa para a vida já vivida do passado?

Relendo um conto do português Jorge de Sena, "Super flumina Babylonis", carinhosamente indicado por uma querida amiga de BH, Talita Alckmin, foi nisso que pensei.

O texto descreve um dia na vida de Camões já na fase final da decrepitude, vivendo com a mãe e de uma minguada pensão, cambaleando nas muletas e remoendo os tempos de glória.

Entre a ladainha da velha e as próprias ruminações, ele se examina:

Não eram tentações estas coisas, não, mas consolações piedosas da sua alma, a satisfação do que lhe fugira, a plenitude do que não tivera, a saciedade do que não bastara, a conquista do que jamais pudera ter sido seu*.

Platão adverte para o círculo vicioso que é a vida regida pelo desejo. Afinal, saímos da frustração, vamos em direção à saciedade, ao preenchimento e à satisfação que, uma vez obtida, nos devolve a uma nova frustração.

É notável perceber quanto a sociedade participa desse ciclo, aplaudindo aquele que deseja. Em especial, aquele que deseja os troféus que ela mesma autoriza.

O pano vermelho e a tourada da vida

Eu me lembro da tia Maria das Graças, lá no primário do Colégio São Luís. Ela nos atraía para o ginásio, antecipando delícias como ter um professor para cada disciplina. Passamos quatro anos mobilizando energias para obter aquele troféu que a sociedade, apetrechada de todos os seus instrumentos de legitimação, nos forçou a perseguir.

Seria de supor que o ginásio fosse alegria, gozo, prazer e felicidade.

Mas a nova coordenadora, tia Guiomar, no primeiro dia da nova fase, esqueceu-se das promessas da colega. Não mencionou nada de alegria, prazer e felicidade. Sequer aludiu à realidade

---

* "Super flumina Babylonis", conto publicado em *Antigas e novas andanças do demônio*, 1966.

que agora era a nossa. Limitou-se a nos lembrar de que esses quatro anos que estavam por vir eram caminho para o atual ensino médio.

Sim. O colegial da época. Quando então a vida escolar entraria na sua fase mais adulta. Para começar, as aulas ocorreriam no prédio novo. Nada de uniforme. Opção entre exatas, humanas e biológicas. Seríamos senhores e responsáveis por nossas trajetórias. E, assim, foram mais quatro anos indo atrás do pano vermelho na mão do toureiro da civilização.

Seria de supor que o ensino médio fosse alegria, gozo, prazer e felicidade.

Mas logo nos apresentaram o vestibular. O novo troféu e a entrada no mundo da universidade.

Desde então, as carreiras profissionais, as metas e os troféus sempre fizeram da lógica do desejo o motor da vida. E, tão logo obtidos, colocados numa estante. Fadados à poeira. E substituídos, imediatamente, por novos, para não perder o ritmo. Para nunca deixar de ir atrás. Para nunca fazer da plenitude uma desculpa para a acomodação.

Cenários para desejos

Aparentemente estamos enredados numa trama que já estava pronta quando nascemos. Um cenário de mundo preparado para nos receber. Desde a casa, o quarto, a indumentária, as pessoas, até o resto. Do lado de fora. Com suas instituições. Seus ritos. Seus protocolos. Suas normas. Seus troféus. Seus valores. Suas culturas. Suas paisagens. Suas comidas. Cenários nos quais os desejos serão forjados.

Falando em cenários para desejos, leia comigo o maravilhoso texto de Xico Sá sobre "O feitiço da mulher mineira".

Essa impressão eu tive desde a primeira vez. No casamento com uma delas não havia mais dúvida. Coisas findas muito mais que lindas. Mas ainda carecia de rodagem e meditação nas montanhas para escrever com mais tutano e propriedade*.

Decidido previamente o cenário, resta, para quem acabou de nascer, depois de certo tempo, um tiquinho de vida a escolher. Como ter nascido em qualquer outro lugar do mundo e decidir fincar raízes em Minas Gerais.

Pedaço de vida a ser preenchida por quem vive. Ousadia de respeitar os cacoetes da própria natureza. Procurando e não abrindo mão do seu lugar natural. Onde vida e espaço aumentam as chances de harmonia.

Essa outra parte da vida que nos toca escolher, recheamos com decisões de razão prática, cujo grau de autonomia permanecerá para sempre um grande mistério. Ora meras preferências, que terminam nos limites do mais agradável para nós. Ora deliberações cuja extensão, pretendemos, transcenda nosso caso particular. Como a de quem se recusa a tomar para si o que não é seu. Ou a não reagir violentamente a uma agressão.

A alma a serviço de apetites

No interior daqueles cenários, em parte já desenhados desde o berço, onde os desejos de cada um vão brotando na mente, há quem passe a vida correndo atrás de tudo que lhe surge como prazeroso, valioso. Assim, a mente ou a alma ficariam o tempo inteiro a serviço de encontrar caminhos de satisfação.

---

* Publicado na *Folha de S.Paulo* em 20 de julho de 2012. Disponível em: https://xicosa.blogfolha.uol.com.br/2012/07/20/sexo-e-em-minas-o-resto-e-sacanagem/. Acesso em: 14 fev. 2019.

A alma a serviço dos apetites sexuais é o tema do clássico da literatura contemporânea *O complexo de Portnoy*, escrito por Phillip Roth e publicado em 1969.

O livro é uma confissão. Seu autor, Alexander Portnoy, um judeu de 30 e poucos anos, solteiro, advogado bem-sucedido. Mora em Nova York e admite dificuldades extremas para lidar com seus impulsos sexuais.

Portnoy está no divã do seu psicanalista, o doutor Spielvogel. Ali ele conta toda a sua vida. Sem pudor algum. Sem restrições. Como tem que ser. Procura descobrir as causas de sua compulsão sexual. Dotado de inteligência privilegiada, lucidez para analisar-se com realismo e ironia. Seu relato da história não é linear: oscila entre a infância e a vida adulta.

A personagem principal é a mãe do protagonista: Sophie Portnoy, mulher descrita como controladora e manipuladora.

Na infância, Portnoy imaginava que as professoras eram sua mãe disfarçada. Ele corria para casa na esperança de flagrar Sophie em uniforme docente, antes que tivesse tempo de reassumir sua identidade de dona de casa. Mas sempre se frustrava. Lá estava ela, já na cozinha, como se nunca tivesse saído dali. Preparando alimento saudável. Nutrição correta. O resto era puro veneno.

Quando Alexander começou a demorar-se no banheiro, Sophie preocupou-se com suas diarreias. Só poderiam advir de comida da lanchonete. Ordenava, esmurrando a porta, que deixasse examinar suas fezes. Enquanto isso, ele se masturbava, dando asas a suas fantasias.

Mais tarde, recusou-se a se casar. Pulava de cama em cama buscando a mulher que o saciasse. E que fosse de família, claro. Na sua imaginação fervilhavam ícones eróticos, principalmente colegiais. Envolveu-se com universitárias, intelectuais, mais ou menos atrativas. Relatou seus desejos por uma mulher que lhe dava grande prazer. Mas como poderia se unir a alguém que mal conseguia escrever um bilhete sem cometer erros de ortografia?

Quando lançada, em 1969, a história de Portnoy foi um grande sucesso de vendas e de crítica e alcançou o primeiro lugar nas principais listas de *best-sellers* dos Estados Unidos. O livro tem um tom bem-humorado, relato de autenticidade crua com escopo terapêutico.

A obra completa 40 anos. Nas palavras de Michiko Kakutani, do *New York Times*: "Brilhante, sensível e dolorosamente autocrítico, um desses filhos protegidos de judeus da baixa classe média, divididos entre o dever e o desejo, necessidades de menino e aspirações do homem, lealdades de família e obrigações estéticas. Sentem-se dominados por mulheres predatórias e pais severos e ainda são assediados por suas próprias consciências cheias de culpa"*.

Bem, falávamos da alma a serviço dos apetites. Escravizada pelo corpo e seus desejos. Numa saga sem fim, o exemplo de Portnoy veio a calhar. Uma vez lograda a saciedade, um novo desejo volta a solicitá-la. Um aperitivo que clama por um bom vinho. Uma boa entrada que exige uma boa saída. Uma boa companhia que requer um bom local de desfrute. Um bom carro que já vem com superacessórios. Na versão mais cara, claro.

Desejo pelo meio

Uma alma escravizada pelo que vem à mente. Pelo mais imediatamente desejado. Especialista em pensar sobre o que comer, o que beber, como seduzir para a cópula etc. Aqui a alma vai

---

* Fonte: https://www.gazetadopovo.com.br/caderno-g/aos-40-complexo-de-portnoy-segue-obsceno-e-engracado-bxnd2yzf36mt6xb2ojun6azbi/. Acesso em: 13 jan. 2020.

direto ao assunto. Com o cardápio na frente. Ou tendo que decidir entre o restaurante que tem a melhor feijoada ou o frango a passarinho com polenta que fica um pouco mais longe.

Bem. Reconheçamos que nem tudo está tão à mão. Não para todo mundo. Há desejos mais sofisticados. Que obedecem a condições mais complexas de satisfação. Nesses casos, a alma deve se empenhar em alcançar os meios para satisfazê-los. Shakespeare chega a sugerir que o desejo aumenta em função dos obstáculos que se lhe opõem. Até certo ponto, pode ser verdade.

A viagem do final do ano. Momento de experiências diferentes, conforto em hotéis, compras, bons restaurantes, bons vinhos, sexo. Tudo requer tranquilidade econômica. Assim, pondo a alma atrás do dinheiro, matamos muitos coelhos de uma vez só.

Desejo de celebridade

Há quem se sinta bem em ser aplaudido. Reconhecido. Tomado por muito bom no que faz. Admirado pela eficácia. Você dirá que todo mundo gosta disso. Talvez tenha razão. Mas, na hierarquia das prioridades, há quem precise mais de paparicos explícitos do que outros.

Nesse caso, a alma pode também dar tratos à bola para alcançar essa espécie diferente de capital. Um capital que se objetiva no que os outros pensam de você. Que poderíamos denominar simbólico.

Lembro-me dos concursos — inerentes à carreira acadêmica — na faculdade de direito da USP, quando ainda era aluno da graduação. Acompanhei todos que pude dos 16 aos 21 anos da minha vida. Ouvia a apresentação dos candidatos. Todos conhecidos. Reconhecidos. Badalados pelos seus súditos.

Imagine, caro leitor, numa mesma escola reunidos Miguel Reale, Celso Lafer e Tércio Sampaio. Silvio Rodrigues, Antonio Chaves e Antonio Junqueira de Azevedo. Ada Pellegrini, Cândido Dinamarco e Araújo Cintra. Manoel Gonçalves, Dalmo Dallari e Lewandowski. Fábio Comparato e Modesto Carvalhosa. Amauri Nascimento e Octávio Magano. Régis de Oliveira, Geraldo Vidigal e Fábio Nusdeo.

E tantos outros que esgarçariam o parágrafo com igual brilho e prestígio. Nomes do meu tempo. Hoje, quase 40 anos depois, a lista é outra. Tão impressionante quanto, tenho certeza.

Na arquibancada do salão nobre, eu fazia número. Capital simbólico objetivado em plateia. Só "agregava valor" quando me juntava a muitos outros. Como eram incríveis aqueles professores, com décadas de produção e experiência docente. Não perdiam frase. Não erravam palavra. Um tão genial quanto o outro.

Tempos depois, na pós-graduação, frequentava as aulas do College de France. Em especial as de Pierre Bourdieu. Meu Deus. O homem já tinha Deus no sobrenome. Ele usava um anfiteatro e outros dez retransmitiam a aula no telão. Como deve se sentir um dos intelectuais mais reconhecidos do mundo numa sala de aula? Em meio a seus maiores admiradores?

Tenho certeza de que em todos esses casos, juristas e sociólogos, a fama veio e pronto. Como consequência bastarda de um trabalho que sempre teve outros objetivos. Tornaram-se celebridades porque não teve outro jeito. Efeito natural da excelência que sempre perseguiram.

Mas todos sabemos que nem sempre é assim. Tantos casos em que o reconhecimento é o objetivo maior. E todo o resto, pretexto ou estratégia para ser citado, mencionado, admirado, idolatrado etc. Nesses casos, nenhuma fama basta. Todo reconhecimento é entendido por insuficiente. Toda glória é apenas parcial.

Platão denuncia esse saco sem fundo que tentamos encher ao perseguir desejo após desejo. Sem nos darmos conta de que a satisfação nunca advirá.

Pois, tão logo um desejo se vê satisfeito, uma nova falta faz surgir uma nova atração. Por aquilo que, no mundo, parece capaz de preenchê-la. Dessa forma, a vinculação da vida boa, ou da vida feliz, a satisfação ininterrupta dos desejos, um após o outro, seria um grande passo para uma vida de frustração sem fim.

Problema para perdedores

No diálogo *Górgias*, Platão coloca Sócrates para debater com um de seus interlocutores, Cálicles. Para este, a vida boa exige por parte de quem vive ir satisfazendo os desejos um a um. O tempo todo. E ponto-final.

Assim, há os fodões. Bons de bola. Que conseguem quase tudo que querem. Esses sabem viver. Vão ganhando sempre. Estão, a todo instante, celebrando alguma conquista.

Por outro lado, há os que nunca conseguem quase nada do que querem. Talvez sejam a grande maioria. Esses vivem pessimamente.

Para Cálicles, a questão da vida boa é mais que óbvia. Só não quer enxergar — e fica complicando — quem é fracassado. Perdedores crônicos. Gente que nunca — ou raramente — consegue o que deseja. Porque, para os vencedores, viver satisfazendo desejos, um após o outro, é só alegria. E não pode haver nenhum problema nisso.

Se Cálicles tiver razão, entendo perfeitamente o meu gosto por problematizar a existência. E colecionar teses sobre o que significa ser feliz. Talvez seja por colecionar fracassos em quase todos os tipos de iniciativa. Em outras palavras, por não estar nada habituado a conseguir o que desejei.

Desde as deusas da adolescência até os grandes troféus esportivos, passando, claro, pelos êxitos profissionais. Que, quando vieram, chegaram esfacelados. E me apanharam sem condições físicas para o desfrute.

Para Platão, deter as rédeas da busca da satisfação de seus desejos, fazer a gestão dosando os recursos, identificando os mais relevantes, os mais valiosos, é pré-requisito de uma vida psiquicamente saudável. Em contrapartida, passar a vida perseguindo, indiscriminadamente, a satisfação de seus desejos é sinal de loucura.

São tantos os exemplos de desmesura. Como o *Don Juan*, de Molière, traduzido por Millôr Fernandes:

Também não faço nada refreando a impetuosidade dos meus desejos. Minha vontade é seduzir a Terra inteira. Como Alexandre, lamento que não haja outros mundos para estender até lá minhas conquistas amorosas.

Caso em que, para o desejo sexual, o céu seria, mesmo, o limite. Ou, talvez, nem mesmo o céu representasse algum limite.

Platão alerta contra os riscos do tal nomadismo sexual. Caso em que o desejo se voltaria contra o amor. E a substituição ininterrupta de objetos de desejo inviabilizaria a estabilidade afetiva de que todo amor se nutre. Na mesma pegada, Fabrício Carpinejar abre o jogo:

Gastei todas as minhas mentiras na paixão. Gastei todas as minhas verdades no amor. O que sobrou, sou eu.*

Desejos excludentes entre si

Não só podemos desejar várias coisas ao mesmo tempo, porque são muitas as nossas carências, as nossas faltas, nossas lacunas, como podemos ter desejos excludentes. Contraditórios. Ou

---

* Disponível em: https://www.facebook.com/carpinejar/posts/1021458401207805/. Acesso em: 13 jan. 2020.

seja, podemos estar atraídos por elementos de realidade que se excluem. Que se anulam.

Nossa lista de desejos está longe de parecer uma orquestra sinfônica, perfeitamente ordenada com o aporte de instrumentos que se complementam. Para sanar nossas lacunas, a mente poderá nos apresentar mundos que satisfazem, mas que se excluem.

Imagine que você, leitor, se sinta atraído por alguém. A aproximação desse objeto de desejo exigiria uma relação adúltera. E você, ao mesmo tempo que quer paz no matrimônio, deseja harmonia no lar, estabilidade na família, deseja, também, a cópula fora de casa.

Vinicius de Moraes, em "São Demais os Perigos Desta Vida", alertou para os perigos da paixão.

São demais os perigos desta vida
Para quem tem paixão, principalmente
Quando uma lua surge de repente
E se deixa no céu, como esquecida*.

Assim, também haverá aquele que deseja uma condição econômica melhor. Ganhar mais dinheiro, proporcionar mais conforto à sua família. Mas, ao mesmo tempo, deseja apostar na sua profissão: um fazer artístico sabidamente pouco rentável. Quase nunca enriquecedor.

Você, que num dia de frio deseja feijoada, de degustação prazerosa. Deseja, com a mesma intensidade, paz digestiva e magreza. Uma bela mesa de doces, caseiros ou não, torna a escolha ainda mais dramática.

---

* "São Demais os Perigos Desta Vida", composição de Toquinho e Vinicius de Morais, faixa-título do álbum lançado em 1972 pela RGE.

Essa contradição entre objetos de desejo se traduz, no drama da alma que avalia, em valores complexos. Que se enfrentam como vetores de sentidos opostos. Denunciando, ante o imperativo da escolha, que o bom pode ser, também, ruim.

La Casa de Papel é série de sucesso estrondoso. Desejos contraditórios dão sustentação à trama. Um momento de prazer. Um instante de felicidade. Vale a pena arriscar? Muitas coisas estão em jogo. Planos. Carreira. Dinheiro. E até a própria vida. O trecho a seguir contém *spoilers*.

A série espanhola, criada por Álex Pina, conta a história de um roubo inusitado e muito bem elaborado. O alvo é a Casa da Moeda da Espanha. Os ladrões esperam roubar 2,4 bilhões de euros. O esquema conta com várias ações para enganar a polícia. Ganhar tempo. Imprimir o dinheiro.

O Professor, como é chamado o articulador do plano, planeja o maior assalto do século. Para isso, recruta oito criminosos com habilidades específicas. Os ladrões usam pseudônimos com nomes de cidades. Tóquio, Berlim, Denver, Rio, Nairóbi, Moscou, Helsinque e Oslo.

Para que o plano saia rigorosamente conforme planejado, o Professor estabelece regras aos assaltantes. Proíbe qualquer relação afetiva entre eles. Quanto menos souberem uns dos outros, melhor.

Mas seus comandados acabam transgredindo a regra. A força do desejo é muito bem explorada na trama. O conflito entre pertencer a um coletivo organizado, com um escopo cuidadosamente definido, e pôr em risco a operação, sucumbindo aos apetites e às inclinações, dá o tom e o tempero da série.

Tóquio e Rio, por exemplo, se deixam envolver, comprometendo as sucessivas etapas do plano. Essa relação acaba permitindo aos policiais identificarem suas verdadeiras identidades.

Ver ou não ver?

A pluralidade de desejos contraditórios me faz lembrar do ano de 1992. Mês de dezembro. Sobradinho da Rua Cristiano Viana, na Vila Madalena. O São Paulo fazia a final do campeonato mundial contra o Barcelona. O todo-poderoso Barcelona, do técnico Johann Cruyff. Que mandava a campo ninguém menos que Guardiola, Laudrup, Stoichkov, Koeman, Nadal e outros.

Acompanhava o jogo sozinho, na madrugada de um fuso de japonês de 12 horas. O Barcelona abriu o placar. Era tudo que não poderia acontecer. Ter que ir pra cima e dar espaço na defesa contra um time daqueles era mais que arriscado.

Mas o São Paulo empatou no segundo tempo. Era também um timaço o do Morumbi. Com mestre Telê Santana no banco. Zetti, Cafu, Palhinha, Müller, vixe. Dava pra encarar pau a pau. O fígado se distende. O sangue volta a irrigar.

Gol esquisito, é verdade. De barriga. Do capitão Raí. Faltava pouco para acabar a partida quando o juiz marcou uma falta para o São Paulo. Mais para a direita do ataque, relativamente distante do gol, bem fora da grande área.

Debaixo dos paus, o legendário goleiro Zubizarreta. Raí, soberano, pôs a bola no chão. Tomou distância. Veio correndo, autorizado pelo árbitro. Até o pâncreas arregala os olhos. A bola decola, golpeada com precisão. A vida entra em suspensão. Coração e tripas não bombeiam mais nada. Chutou com estilo. A mão tapava a cara. E os dedos na frente dos olhos concediam uma fresta. Medo de ver. Desejo de ver.

No fundo, desejos contraditórios. De ver o que estava acontecendo e, ao mesmo tempo, de não ver. De saber no que ia dar aquele chute e de não saber. A técnica dos dedos entreabertos já fora útil antes, em filmes de terror. Ou de suspense. Colisões iminentes. Um misto de curiosidade e covardia. Esperança e temor disputam, no paquímetro, a posição dos dedos na frente dos olhos.

Na *República*, Platão conta episódio semelhante.

Leôncios voltava do Pireu, seguindo pelo muro exterior do norte, e deparou com cadáveres que jaziam em meio às execuções públicas. Ele estava, ao mesmo tempo, tomado pelo desejo de olhar, mas, também, estava atravessado pela aversão e se virava de costas para aquela cena. Durante certo tempo ele terá resistido e tapado os olhos. Mas, finalmente, subjugado pelo seu desejo, ele teria aberto os olhos e, correndo em direção aos torturados, teria dito:

"Eis, para vós, gênios do mal. Regozijai-vos desse belo espetáculo".

Encaixe forçado

Ao montar quebra-cabeças, às vezes a esperança é tanta de que a peça que temos na mão se encaixará perfeitamente na lacuna que nos falta preencher que não hesitamos em dar uma forçadinha.

Quando não dá mesmo, aí não tem jeito.

Essa mesma tentativa fazemos quando, depois de experimentar dez chaves de um molho, ainda não encontramos aquela que abre a porta. O ímpeto será ainda maior se estivermos apertados. O que não é tão raro voltando para casa.

No desejo, temos lacunas. Carências. Vazios. E a mente nos brinda com mundos que poderiam preenchê-los. A pertinência da adequação entre esses mundos e a natureza específica das nossas carências depende do nosso conhecimento. Daquilo que sabemos a respeito do objeto do nosso desejo.

É aqui que surge a tendência a dar uma forçadinha. E construir esse objeto sob medida para o buraco que nos toca preencher. Acontece entre as pessoas que não enxergam direito defeitos impeditivos de uma convivência harmoniosa, destacando, apenas, as curvas que parecem encaixar no tabuleiro, ainda cheio de lacunas.

Às vezes, a vontade do encaixe é tamanha que nos forçamos à cegueira. A não ver o óbvio. A tal ponto de inverter os atributos da realidade que, na nossa mente, é desejada.

Sócrates diz, no *Fédon*, que, quando um corpo aprisiona a alma, o aprisionado é o primeiro a ajustar ainda mais os grilhões de seu aprisionamento. Assim, quanto mais intenso o desejo, mais forte a volúpia, maior a tendência a negar a realidade em nome de um ajuste conveniente.

O desejo intenso busca a eliminação da falta, custe o que custar. Mesmo que isso represente o total desalinhamento entre realidade e imaginação. A distância completa. A inversão absoluta entre o mundo e o que pensamos dele.

Assim, um vagabundo vira trabalhador. Ou estudioso. Um psicopata vira ingênuo, cândido e crédulo. Um ignorante vira erudito. Um gatuno vira astuto e inteligente. Um anão vira gigante. Um imbecil vira gênio. Tudo isso pode acontecer quando a vontade do encaixe beira o desespero. Quando o aperto aperta. E as opções alternativas desaparecem.

Karina Zeviani propõe inventar um amor, no seu "Amor inventado".

Eu quero que você me queira
Antes que eu desista
Antes que eu insista
Antes que eu perceba que não é real

Eu quero que você me queira
Antes que o efeito expire
Antes que o desejo deixe de existir
Antes que eu não queira o que você tem pra me dar

E antes que o nada se acabe
Que sobre tudo haja verdade
Nesse amor inventado, criado pra ser irreal.
E antes que o nada se infinde
Que sobre tudo haja um brinde
Nesse amor inventado, criado pra me distrair.

Eu quero que você me queira
Antes que o encanto quebre
Antes de um gato por lebre
Antes que eu saiba demais de você

Eu quero que você me queira
Antes que eu desinteresse
Antes que outro alguém comece
Antes que eu perca a ordem e grite que eu quero te ver
E antes
Que o nada se acabe
Que sobre tudo haja verdade
Nesse amor inventado, criado pra ser irreal.

E antes
Que o nada se infinde
Que sobre tudo haja um brinde
Nesse amor inventado, criado pra me distrair*.

---

* "Amor inventado", faixa-título do álbum lançado por Karina Zeviani em 2012 (Som Livre).

Capítulo 13

"amanhã morro e não te vejo"*

• • • • • • •

— Meu sonho é largar tudo e viver no interior. Há muito não penso em outra coisa. Um desejo que me acompanha desde que envelheci. Viver na simplicidade, só com o que já tenho.

— Mas no interior as possibilidades de trabalho são menores. E, mesmo que você possa viver com o que tem, sabe bem que outros ainda dependem de você. E, como eu te conheço, sei que não vai deixá-los na mão.

O diálogo acima é recorrente e previsível para quem não suporta mais a vida nos grandes centros urbanos. Há muitos motivos para desagrado. No entanto, a muvuca da metrópole acaba sendo a opção de muita gente. Por razões que também fazem lista.

Assim, no ir e vir das rodovias, os rurais debandam rumo à cidade em busca de oportunidades profissionais. Os citadinos partem para a roça atrás de qualidade de vida.

---

* Verso do poema "Não te fies do tempo nem da eternidade", de Cecília Meireles, parte do livro *Retrato natural,* publicado originalmente em 1949.

Toda manifestação de um desejo parece despertar o mundo. Cutucá-lo com vara curta. Constrangê-lo a reagir. Ou a se reacomodar. Não há como dar de ombros. Fingir que tanto faz. E já sabemos que, entre desejosos que levantam a mão reivindicando seus quinhões e o resto do mundo acomodado no seu canto tirando uma pestana, haverá o que barganhar. Negociação pelejada, talvez. Quando não enfrentamento e vias de fato.

Foi aí que me encantei com um texto que li. Escrito por Descartes. Aquele dos eixos. Da geometria analítica. Que logo faz lembrar o adjetivo "cartesiano", repetido aos quatro ventos com os mais discrepantes sentidos.

Curioso. De tudo que me dispus a ler na faculdade de filosofia, os textos desse superstar do pensamento sempre estiveram entre os mais chatos e impertinentes. Mas, caro leitor, por favor, me entenda bem. Trata-se de Descartes. O que eu sentia — e o valor que atribuía — na leitura de seus textos tem zero importância aqui.

A prova é que nas *Meditações metafísicas*, mais precisamente na sexta delas, queimei feio a língua. Aproveito para me redimir.

— O título do livro já não anima muito! — você diz.

De fato, "Meditações" num contexto de filosofia, escritas por um matemático, antecipam grande abstração e imensa dificuldade de entendimento.

— E o "metafísicas", então?

Pois é. Metafísicas parece decretar o fim das esperanças de atribuição de sentido por parte do pobre leitor.

Convido você a vencer essa primeira aparência.

— Mas então vá direto ao ponto. Em poucas palavras. O que é que ele diz de tão interessante?

Que nunca há erro na hora de desejar.

Que o desejo é sempre do bem. Tem uma função pedagógica. Proporciona um aprendizado para quem o sente.

Que trazê-lo para a consciência, analisá-lo com sabedoria e considerá-lo na hora de decidir a vida permite viver muito melhor.

Para Descartes, todo desejo indica a forma mais adequada de preencher os vazios. As lacunas. Informa as mentes a respeito do mais conveniente. Do que é pertinente buscar. Das pessoas com quem se deve conviver. Inclina corpos e almas na boa direção. Sugere a aproximação de tudo que harmoniza com cada qual, do que compõe bem.

Viu? Não te pareceu amável? De compreensão suave?

Havendo dúvida sobre que caminho seguir, a recomendação cartesiana é muito clara: siga seu desejo. Um superguia existencial. Basta saber consultar.

A *Brihadaranyaka Upanishad*, obra que reúne textos sagrados do hinduísmo, sugere a mesma observância.

O que for teu desejo, assim será tua vontade.
O que for tua vontade, assim serão teus atos.
O que forem teus atos, assim será teu destino.

Dicas para qualquer um

O leitor passeia por uma livraria. Os mais vendidos costumam aparecer logo na entrada, condenando-nos ao enigma de Tostines. Estão ali porque vendem mais? Ou vendem mais justamente por estarem ali? Ao alcance de todos. Talvez, como no caso do biscoito, as duas assertivas sejam verdadeiras.

Entre essas obras em destaque, não faltam compêndios de soluções existenciais. Que prometem desde felicidade até prosperidade. Escritos por alguém que garante ter alcançado o que promete seguindo aquela trilha. O que pode bem ser verdade.

Mas o resultado prometido foi alcançado em outros lugares. Com outras pessoas. Em outras situações. Com outros recursos.

Outras histórias de vida. Outros repertórios. Outros afetos. Outro corpo e outra alma. Enfim. Numa vida que não é a do leitor.

Dadas certas situações vividas pelo autor, as soluções por ele encontradas teriam permitido aquele resultado. Cabendo ao leitor, por analogia ou aproximação, adotar soluções parecidas. E torcer para que todas as variáveis que discrepam entre um caso e outro não sejam tão decisivas assim.

Soluções personalizadas

Descartes afirma que nossos desejos são orientações para a vida. Tais como as propostas nos livros acima. Mas com nuances que fazem toda a diferença. O desejo é sob medida. Customizado, diriam os mais pomposos. Nada tem a ver com soluções genéricas para vidas hipotéticas, aplicáveis por qualquer um.

Os objetos de desejo invadem a mente no calor da vida vivida. Talhados em cinzel para as situações que se apresentam. Ali, na "imediatidade" de cada segundo de existência. Não requerem adaptações, aproximações forçadas, analogias questionáveis. São mensagens que abordam a alma de quem vive na mais estrita singularidade. Enredando corpo e alma. Não deixando nada de fora.

Veja a letra de "Um Sonho É um Desejo", do filme *Cinderela*, da Disney:

> Um sonho é um desejo d'alma
> É só desejar para ter
> Tem fé no teu sonho e um dia
> Teu lindo dia há de chegar[*]

---

[*] Versão brasileira da canção "A Dream Is a Wish Your Heart Makes", composta por David Mack, Al Hoffman e Jerry Livingston para o filme *Cinderela*, da Walt Disney Pictures (1950).

Claro que os desejos de cada um de nós, com seus objetos tão bem definidos na mente, não surgem do nada. Definem-se nas conversas, nos conselhos, nos diálogos, nas relações com gente como nós, na intersubjetividade, pra falar menos claro. Decantam na vida social. Com sua história, sua geografia, suas hierarquias, seus porta-vozes legítimos, seus mestres, seus tiranos e seus podres poderes etc.

Se é para errar...

Lembro-me de um professor do colégio, grande mestre Roque. Luiz Carlos Roque da Silva, de química. Quando aplicava prova, sempre dizia:

"Se for colar, tenha certeza de que o colega de quem está colando respondeu corretamente. E, para ter essa certeza, talvez seja necessário saber responder a questão por conta própria. Agora, colar correndo o risco de ser pego e de copiar resposta errada é demais. Melhor apostar em si mesmo. Haverá mais aprendizado. Ganho de inteligência. E de coragem para enfrentar desafios".

Penso que a sugestão permanece válida até hoje. Mesmo longe dos bancos escolares.

Afinal, terceirizando ou não as decisões existenciais, haverá alegrias e tristezas. Sucessos e fracassos. Satisfações e decepções. Com incidência invertida, claro.

Ora, sendo assim, por que não apostar em si mesmo? No próprio discernimento? Na possibilidade de alguma lucidez em primeira pessoa?

Já que não haverá mesmo felicidade absoluta e para sempre na aplicação das fórmulas dos megagurus, então por que não deixar as grandes e pequenas decisões nas mãos de si mesmo?

Como diria Roque, "se é para errar, erre seu próprio erro. E não o dos outros".

Espelhamento natural

Descartes reforça o argumento. E também nos devolve a responsabilidade de decidir. Nossa natureza, particular e inconfundível, comunica nossa verdade. Informa quem somos. Daí a importância de observá-la.

Ela se objetiva no que vemos em nós. Mas sobretudo no que sentimos em nós.

Assim, a dor, a alegria, a tristeza, o temor e todos os nossos desejos são dados da nossa natureza que nos permitem um conhecimento mais apurado de nós mesmos.

Quando o leitor vai ao banheiro de casa e se observa no espelho, consegue ver coisas em si que não poderia ver sem ele. O espelho é um instrumento poderoso de conhecimento da própria aparência. Da topografia do nosso rosto, por exemplo. Se não houvesse espelho de jeito nenhum, estaríamos dramaticamente impossibilitados de saber que aparência facial impomos ao mundo com nossa presença.

Pois muito bem. Nossa natureza funciona aqui como um espelho. Porque nos mostra coisas sobre nós mesmos que sem ela jamais poderíamos conhecer.

Lembro-me da novela *Baila Comigo,* do começo dos anos 1980, ainda hoje reprisada. A atriz Natália do Vale fazia o papel de Lúcia, uma médica pediatra. Assisti a todos os capítulos daquela novela para poder vê-la. Esperava a sua aparição.

A constatação do afeto quando da contemplação da atriz me oferece, de bandeja, preciosa informação sobre mim mesmo. Que jamais teria não fosse a inclinação ali manifesta.

O mesmo ao degustar frango com quiabo e arroz quentinho. De preferência, com dois ovos. Gema mole.

Acabei descobrindo, graças a meus sentimentos, que sou alguém que, pelo menos naquela fase da vida, se encantava por Natália. E por comida caseira da boa. Essa última, até hoje.

Deus *on-line*

Muito bem. Mas o leitor inquieto se pergunta: "Se a natureza é uma espécie de mídia que comunica verdades sobre nós, condição primeira de algum autoconhecimento, quem seria o seu emissor? Quem poderia se servir da natureza do homem para lhe informar a respeito de sua essência, de seu ser?" A resposta de Descartes não poderia ser outra:

"Deus!"

Essa nossa natureza, cheia de sentimentos, paixões, desejos e aversões, funciona então como mediação entre cada um de nós e o divino.

Os afetos são a forma escolhida por Deus para nos dizer o que quer ou espera de nossas vidas, decisões, atitudes, iniciativas. Cada uma de nossas sensações seria linguagem ou código por intermédio do qual Deus conversaria conosco.

Se investimos tempo e dinheiro para aprender inglês porque esta é a condição para se comunicar com qualquer um de nós no mundo de hoje, pois bem, para Descartes, o hábito de considerar os próprios afetos, trazê-los para a consciência, bem como o desenvolvimento da capacidade de interpretá-los, é a condição para se comunicar com Deus.

Nesse caso, a chamada inteligência emocional, tão em voga no fim do século passado, talvez devesse merecer maior atenção de nossos educadores e presença mais significativa em seus currículos escolares e programas de formação. Em especial, nas instituições que pretendem se posicionar e se distinguir de suas concorrentes pela formação religiosa.

Malcolm Muggeridge diz o mesmo, com suas palavras:

"Todo acontecimento, grande ou pequeno, é uma parábola pela qual Deus fala conosco, e a arte da vida é para entender a mensagem".

A análise de nossos desejos deve, então, nos permitir aprender, graças a Deus e por intermédio de nossa própria natureza, aquilo que, no mundo, pode sanar nossas lacunas. Preencher nossas faltas. Reduzir as angústias e apaziguar a alma.

Nesse caso, cada um de nossos desejos é a primeira página, a grande manchete, o aviso rei da comunicação de Deus com cada um de nós.

Nossa natureza nos ensina que dispomos de um corpo que sente dor. Que precisa comer e beber. E esse aprendizado se dá por intermédio dos sentimentos de fome e de sede. Pelo desejo de líquido e alimento.

Não há nenhuma possibilidade de haver, aí, algum erro.

A mensagem divina se objetiva na nossa mente por meio dos mundos que desejamos e no nosso corpo pelas inclinações que protagoniza.

Deus, que se comunica conosco pelo desejo, ensinando-nos a viver a nossa melhor vida, fica *on-line* 24 horas. Se nossa consciência estiver conectada, identificaremos desejo em nós o tempo todo.

Como diz a *Bíblia,* no Salmo 37, Versículo 4: "Deleite-se no Senhor, e ele atenderá aos desejos do seu coração".

O segredo para ver nossos desejos realizados é ter Deus como nosso maior prazer. Quando amamos a Deus sobre todas as coisas, Ele se torna o desejo do nosso coração. Quando colocamos Deus em primeiro lugar, nossos desejos se submetem a Ele e se alinham com os Dele.

Se, como quer Descartes, for mesmo pelo desejo que nossa comunicação com o divino acontece, então não há mais nenhuma dúvida.

Deus nunca nos abandonará.

Mais do que o tempo todo, Deus fala conosco do nascimento à cova. Ao longo da vida toda. Com essa linguagem do desejo, Deus dispensa as palavras. E qualquer outro código aprendido.

Orienta a criança que chora. O jovem que se apaixona. O atleta que se sente extenuado. O idoso que descansa. Porque todos vivem em função de seus desejos.

Dessa forma, querer viver corresponde a querer desejar. Continuar desejando. Querer deixar Deus se manifestar por intermédio do desejo. Querer muito continuar a se comunicar com ele. Manter o canal aberto. Todo clamor pela vida corresponde à busca de Deus em si mesmo. Toda luta contra a finitude é louvor a Deus que se manifesta em cada um.

Com a mesma preocupação, Cecília Meireles recomenda: "Não te fies do tempo nem da eternidade".

Ela concede ao desejo um enquadramento de temporalidade. Destaca a finitude como condição da realização dos desejos. E observa, pela repetição do verbo "apressar-se", que o tempo da vida é curto, e que nossa vida é essencialmente desejo. Se não houver pressa, não haverá tempo. Porque morremos sem ver. Morremos sem escutar. E morremos sem dizer.

Belchior, em "Coração Selvagem", também destaca a urgência e a complexidade da relação entre o tempo e os afetos. Afirma desejar o corpo e ter pressa de viver. Transborda em lirismo a ansiedade pela posse. Mas adverte: uma vez no encontro, em pleno amor, o abraço e o beijo têm que ser lentos. Para que haja tempo de se apaixonar*.

Mais que hóspedes

Para Descartes, não estamos simplesmente alojados em nosso corpo, tal como um piloto em seu navio. Os desejos seriam prova irrefutável de que nossos corpos e nós mesmos constituímos uma única coisa. Confundidos e misturados.

---

* Faixa-título do álbum lançado em 1977 pela WEA.

Se assim não fosse, não haveria por que sentir dor no caso de uma ruptura de osso. Bastaria dar-se conta da ruptura por intermédio do entendimento. Da razão. Tal como faz um piloto ao observar a avaria no casco de seu navio.

Se nos faltasse alimento ou água, também nos daríamos conta dessa lacuna por intermédio da razão, de informações objetivas. É o que acontece quando verificamos nos mostradores do painel do carro a necessidade de mais combustível, de água, óleo etc.

Tanto no caso do carro quanto no do navio, não há nenhuma dor ou sofrimento.

Para Descartes, os desejos, como os sentimentos de fome, sede ou dor, não passam de formas de pensamento que indicam, com clareza, a imbricação profunda de nosso espírito com o nosso corpo.

Denunciam, assim, certo tipo de verdade. Verdade da vida vivida. Que diz respeito à união entre nossa alma e nosso corpo.

Essas verdades nada têm a ver com leis científicas ou assertivas filosóficas. Seriam produto exclusivo de nossa alma. E nos apresentariam a essência das coisas. Ao passo que a verdade da vida vivida nos mostra suas utilidades. Para nós. Para a nossa alegria. Para a conservação desse composto entre alma e corpo. Utilidade para a própria vida, em suma.

Descartes nos sugere a necessidade de distinguir entre nossa essência e nossa natureza. A primeira é pensante. Afinal, se somos é porque pensamos, porque somos capazes de duvidar. Certeza fundamental da qual todas as outras devem partir.

Mas temos também nossa natureza, constituída por uma alma estritamente imbricada num corpo. Uma mistura cujas fronteiras serão, para nós, sempre obscuras e confusas, dados os limites da nossa razão.

Assim, o corpo está longe de ser um instrumento a serviço da alma. Seus desejos são a prova da índole inseparável de ambos em cada um de nós. Da imbricação incontornável do mundo das células com o mundo do espírito.

Linha cruzada do capeta

Mas tudo isso nos deixa com pulgas atrás das duas orelhas. O que dissemos até aqui é que, para Descartes, o desejo é Deus se comunicando. Para nos ensinar a viver. Para que vivamos cada vez melhor. Uma orientação. Direção para onde devemos encaminhar a vida.

Tudo isso é bem legal de ler. E de contar para você num livro sobre desejo. Mas, poxa vida, temos o direito de confrontar o que está sendo ensinado com nossas próprias experiências.

Descartes nada fala sobre o desejo do diabético pelo doce. Pelo coito sem preservativo em espaço de relações promíscuas. Pelo consumo com dinheiro financiado a juros extorsivos.

Tampouco discorre sobre o desejo de alegrar o filho que precisa de limites. Sobre acelerar o deslocamento veicular em espaço de estrita vigilância de velocidade. Ou sobre a cópula com mulher ou homem comprometidos.

Melhor não colocar tudo na conta de Deus.

Afinal, sabemos bem. Há desejos que comprometem. E nos condenam a dividas temerárias. A enroscos que precisam ser evitados. A tentações arriscadas. E satisfações frustrantes. Ou devastadoras.

Capítulo 14

QUANDO VOCÊ ESTÁ LÁ EM CIMA, NO PALCO...

● ● ● ● ● ●

Roger Hodgson é um dos gigantes do século XX. Canções como "Logical Song", "Hide in Your Shell", "Take a Long Way Home", "Dreamer", "It's Raining Again" e tantas outras são patrimônio da humanidade.

Para os que ainda não viviam nas décadas de 1970 e 1980, ou não curtiam esse tipo de rock, refiro-me ao vocalista do Supertramp, banda inglesa de extraordinário sucesso, extinta há algum tempo.

Com sua voz inconfundível, continua fazendo turnês. Cantando solo as mesmas canções. E encantando ano a ano. Vira e mexe vem a São Paulo. Vou assisti-lo sempre. Podendo ou não.

A força que me move em direção ao show supera várias outras excludentes ou contrárias.

Essa supremacia me faz adquirir ingressos, solicitar companhia — já que não confio nos 14% de visão remanescentes —, comprometer-me com a excelência da performance do artista para ter com quem ir, providenciar transporte, deslocar-me até a sala do espetáculo, encarar uma fila básica, compartilhar espaços com desconhecidos, pagar caro por qualquer mísera garrafa de água e, após o show, fazer todo o caminho de volta.

Bem, essa última parte das penitências, posterior ao espetáculo, justifica-se mais facilmente. Afinal, voltar é preciso. Sempre. Nada a fazer.

Nossa dúvida maior reside no tipo de equação afetiva que leva o corpo a se mover na execução de todas as diligências tediosas que antecedem o primeiro acorde.

Desejo de segurança

Comecemos pelo hábito. Resulta de um desejo de repetição. De alguma rotina. De rituais. Hábitos trazem segurança. Reduzem o leque infinito de alternativas existenciais na hora de deliberar, instante a instante, sobre o melhor caminho.

Todo ano ele vem cantar. Todo ano eu vou ouvi-lo.

O ineditismo parece, em muitas situações da vida, gerar temor. Basta um acidente alterar o fluxo de carros a sua frente para você se desequilibrar. Mas ter uma ideia clara do que está por vir na sucessão de encontros com o mundo é tranquilizador para muitos.

Acordar na segunda-feira conhecendo de cor e salteado o melhor caminho para os destinos é condição de certa eficiência do cotidiano. A organização dos horários é possível graças a uma pretensão de vida repetida.

Mesmo que os discursos da moda, crivados de sugestões inovadoras, teimem em denunciar a mesmice como inaceitável.

Essa segurança, impressão de que tudo está em ordem, é a mesma proporcionada por festas anuais, férias, aniversários, conservação do local e posto de trabalho, programas televisivos em seus estritos e repetidos horários etc.

"Tudo pode mudar. Mas o domingo que não tiver *Fantástico* é porque o mundo acabou", sentencia dona Julieta, senhora que há décadas arruma, da mesma maneira, as coisas de casa que eu desarrumo, da mesma maneira.

Desejo de protagonismo

Em segundo lugar, ir ao show me permite falar sobre ele. Antes e depois da sua realização. E, portanto, ter sobre o que falar. O que não é nada óbvio. Desejo de protagonismo. De se converter em mensagem. De ser recebido enquanto tal. De ser observado. Considerado.

Nossa capacidade — aparentemente exclusiva — de traduzir o mundo em símbolos, em linguagem, nos permite um tipo de existência também muito particular no mundo. De tipo semiótico.

Se é impossível não comunicar, porque mesmo calados somos mensagem, é sempre possível escolher. Comunicar o que julgamos mais relevante. Nossos valores, portanto.

Muitos de nós somos valorados positivamente por ter um bom papo. Nunca foi o meu caso. Inabilidade completa em diagnosticar o tema mais adequado para fisgar a atenção de quem me ouve ou lê.

Um bom papo exige dominar algumas referências importantes de certos assuntos que possam ser do interesse deste ou daquele interlocutor. Num bar com amigos, o relato de um show pode render 15 minutos de protagonismo.

Desejo de informar quem é

Terceiro lugar. Falar sobre esse tipo particular de consumo cultural nunca termina na narrativa do evento. Vai sempre muito além. Permite falar sobre si. Sobre as próprias inclinações. Informar o que mais deseja. E, portanto, também o que mais valora.

Tendo esse valor como referência, damos uma ideia do tamanho do esforço que estamos dispostos a fazer por aquilo.

O montante de investimento que consideramos plausível para vivenciar aquele tipo de experiência.

Em suma, trata-se de integrar aquele programa musical na construção da própria identidade pessoal. Rentabilizar a iniciativa, convertendo essa prática de consumo em discurso sobre si.

A relação do espetáculo com a própria identidade poderá ser explicitada: "Sou fã desde o show de *Paris*". Mas também pode ficar, com sutileza, no implícito. Afinal, se eu ainda vou ou já fui a esse show é porque sou alguém que, neste momento da vida, frequenta espetáculos musicais desse tipo.

O interlocutor terá compreendido. Desnecessário reforçar.

Essa definição de si serve a todos que mantêm ou venham a manter alguma relação conosco. A vida em sociedade cobra alguma coisa desse tipo. Um discurso que indica qual é a sua, qual é a sua praia, o que tem feito da vida etc. Para que a galera tire suas conclusões.

Mas atende também a uma necessidade bem pessoal de ter uma ideia mais ou menos clara de quem se é.

Uma das mais conhecidas canções da banda, "Goodbye, Stranger", é toda ela dedicada à definição do protagonista. Acompanhe.

Like a ship without an anchor	Como um barco sem âncora
Like a slave without a chain	Como um escravo livre
Just the thought of those sweet ladies	Apenas a opinião daquelas doces mulheres
Sends a shiver through my veins	Emite um arrepio nas minhas veias[*]

---

[*] Canção de Richard Davies e Roger Hodgson, faixa do álbum *Breakfast in America*, lançado em 1979 (A&M). Tradução livre do autor.

Essa definição também tem desdobramentos. Vai além daquela informação. Porque, à medida que vamos vivendo com os outros, interagindo, vamos aprendendo a ligar "lé com cré". A fazer associações. A ir deduzindo. Puxando o novelo de ocorrências e atributos que, pelo que já vimos, costumam estar juntos.

Durante muito tempo eu disse:
— Sou professor.
— Nossa! Do quê?
— De ética.
— Que legal! Onde?
— Na USP.

A partir daí meu interlocutor se via autorizado a uma série de deduções. Que ora guardava para ele, ora usava como premissa em interações vindouras. Aos poucos elas iam aparecendo.

Essas deduções, claro, dependem muito do repertório, das convicções e das experiências afetivas de quem as elabora. Assim, apenas exemplificando, uma eventual proximidade com as coisas do campo acadêmico permite certo tipo de atribuição de valor muito distinta de quem nunca tangenciou em sua trajetória alguma experiência universitária.

Também pode incidir muito sobre as deduções em questão o tipo de distinção social pretendida.

Os que apostam no acúmulo de certo capital cultural, objetivado em títulos universitários legítimos, tendem a ver as coisas de uma forma diferente dos que investem no cru acúmulo patrimonial para se posicionar socialmente.

Falei da profissão. E da instituição empregadora. Mas todo e qualquer traço de identidade enseja inferências de extensão imprevisível. Nosso exemplo inicial é o show do Roger. E o consumo desse espetáculo por parte de seus fãs.

Todas as deduções, propostas a partir dessa informação, permitem marcar diferenças e estabelecer distâncias sociais em face de adeptos de outros tipos de consumo.

Permitem também marcar semelhanças, coincidências, aproximações e pertencimento. Galera dos 50+, renda quase sempre compatível com o valor do ingresso, instrução, urbano etc. Estando no show, é só olhar de lado.

Não vamos nos perder. Estamos falando de por que levantamos do sofá para ir ao show. Passamos pelo hábito, pelo uso social do relato e pela construção da identidade enriquecida por essa prática.

Desejo de reconhecimento

Finalmente, em quarto lugar, todos nós somos dotados de certo tipo de capital que nada tem a ver com dinheiro. Trata-se de reconhecimento. De legitimidade. Do valor que os outros atribuem a você em diversos espaços das relações sociais.

O gosto musical é um tipo fascinante de posicionamento da sua marca pessoal. Uma vez enunciado, permite ocupar essa ou aquela posição reflexivamente. Perante outros. Em relação a eles. Escondendo a índole arbitrária das fronteiras sociais entre universos de curtidores de música.

Ao longo da vida mais recente, dois ou três incautos — certamente equivocados sobre a importância do que eu poderia dizer sobre qualquer coisa — decidiram me entrevistar. Curiosamente, em muitos dos casos, algumas perguntas se repetiram: "Qual foi o livro que influenciou a sua vida?" ou "Qual a pessoa que foi decisiva para o seu jeito de ser?"

Ante essas indagações, sempre me considerei diminuído. Existência reduzida a menos ainda do insignificante que tem sido. Por mais que não tenha lido muito — menos ainda coisas relevantes —, garanto ter sido impactado por mais de um livro.

Quanto às pessoas, com essas aprendi, certamente, muito mais. Longe dos livros e da educação formal.

Mas essas entrevistas que procuram dar conta de quem somos nos fazem pensar em uma necessidade e, também, em um desejo de reconhecimento.

Afinal, a consciência que temos de nós mesmos nos cobra uma luta, um empenho em compartilhar o que pensamos de nós. Nossas especificidades. Tudo que nos tornaria singular. A tal da diferença específica.

Bem como o que nos aproxima mais de uns do que de outros.

Reconhecimentos óbvios, de quem sempre esteve por perto, valem pouco na sociedade. E não dão conta de aplacar a ânsia por aplausos. Se a esposa ou o melhor amigo estão sempre na primeira fila, nada mais esperado. Por mais amados que sejam, suas idolatrias contam muito pouco no placar das celebridades.

Mas a construção de uma notoriedade ou reputação — desejo que nos acompanha a todos — implica incidir sobre juízos e manifestações de pessoas que não interagem conosco no dia a dia. Uma eficácia de extensão superior aos vínculos mais imediatos.

Assim, os circuitos de consagração serão mesmo tanto mais eficazes quanto maior for a distância social entre os agentes consagradores, porta-vozes de elogios, e o objeto consagrado. Como me ensinou o professor Bourdieu.

Sempre que o tema é enaltecimento, me vem à mente o professor de direito civil, do primeiro ao quinto ano, Antônio Junqueira de Azevedo.

Algumas de suas avaliações eram orais. Verdadeiras arguições. Impecável nas respostas — acontecia quando havia admiração pelo docente —, além do dez, esperava o reconhecimento explícito. Elogio imediato. O tal enaltecimento. Ali mesmo, no calor das respostas.

Mas ele, percebendo minha ansiedade, ia logo dizendo que não era do seu feitio. Que, se não houvesse advertência, ou mesmo chacota, isso já deveria ser interpretado como um sinal de aprovação.

Afirmava que o elogio prostituía as expectativas. E tornava o valor em circulação pelos discursos uma moeda fácil demais. Alcançável por qualquer um. E, por isso, sem nenhum poder de distinção.

Ele tinha razão. Professor Junqueira me impactou muito. Uma referência para a vida.

Apesar disso, sempre elogiei com as mãos bem abertas. Basta não pisar muito na bola e eu a encho sem pestanejar. E, assim, contribuo para prostituir o valor dos discursos em circulação. E a destituí-los de seu impacto de distinção. Para mim, qualquer coisa é motivo de aplausos. É o meu jeito.

Mas fica registrada a sincera homenagem ao mestre.

Desejo de música, apesar de tudo

Imbricado a hábitos, identidades e distinções há também o desejo. São inseparáveis. Porque ninguém é 100% masoquista, 100% cínico ou 100% estratégico. Impor-se um hábito requer algum tipo de inclinação favorável. Dar a si e ao mundo uma identidade também cobra alguma adesão afetiva. Instâncias de construção social do gosto, seja de qual for, direcionam o desejo. Mas não o eliminam. Do contrário, seria insuportável.

Assim, se levanto do sofá para ir ao show, é pelo desejo de ouvi-lo. Pela antecipação do prazer que sua música causará em meu corpo. E numa parte especial dele que denominamos alma. Pelo menos para mim, que sempre a considerei bem material.

Prazer que pode começar de longe. Cantarolando as canções prediletas. Aqueles agudos inimitáveis.

— Mas, se era por isso, rola ouvir em casa. Com qualidade de som impecável.

— Não. Não é a mesma coisa. E a figura do cantor? A imagem dele cantando?

— Ué. Um DVD resolve o problema rapidinho. Sem precisar levantar do sofá.

— Não. Não é a mesma coisa. Precisa ser ao vivo. Ali. No palco. Cara a cara com seu ídolo.

Caso o assento adquirido na plateia não dê para tanto, ao menos no mesmo ambiente. Aquele desejo te tirou do sofá. E, vencidas todas as chatices, você está no lugar do show. Lá dentro. Acomodado. Esperando a entrada triunfal.

Como canta o próprio Roger em "Take the Long Way Home", canção do Supertramp.

When you're up on the stage, it's so unbelievable. Unforgettable.
[E, quando você está no palco, é tão inacreditável. Inesquecível]*

Fiz tudo e não senti nada

Então, sempre caberá aqui a pergunta: o que acontece quando o desejo se realiza? E a primeira resposta, a mais imediata, é o prazer. Podemos dizer que o prazer é a consequência imediata do desejo realizado. Mas, muito cá entre nós, você, que já foi a tantos espetáculos, responda-me:

Desejo realizado corresponde necessariamente ao prazer esperado?

No caso, o desejo era pelo encontro com Roger. E ele aconteceu. Não há como negar. A sensação inicial é boa.

Mas ele não cantou "Goodbye, Stranger", a sua predileta. Nem "Hide in Your Shell", que você também adora. Na sua

---

* Canção de Richard Davies e Roger Hodgson, faixa do álbum *Paris,* de 1980 (A&M Records). Tradução livre do autor.

frente sentou-se um mastodonte, que não permitiu plena visão do palco. Após o espetáculo, ela foi embora. Alegou cansaço. Agenda lotada no dia seguinte. E um pouco de dor de cabeça.

Vixe! Nada foi exatamente como você tinha imaginado.

Mas, deixando de lado as frustrações, muita coisa legal rolou naquela noite.

Fazia tempo que você não ouvia "My Kind of Lady". Com aquele saxofone no final. Que sempre te fez assoprar um instrumento imaginário. Os dedos apertando botões no ar e tirando as melhores notas. Sem falar do tronco inclinado. Um charme de execução imaginada. Na simulação que acolhe toda veleidade musical. De quem nunca chegou nem perto.

Como se não bastasse esse deleite musical, admita que ao longo da canção, em pleno espetáculo, você com o sax na mão, tomado pela melodia, sua acompanhante segura suas mãos com infinita suavidade. O primeiro beijo tornou-se inevitável. E que beijo! Com boca de saxofonista amador.

Com que ternura ela passou a mão no seu rosto! As pontas de seus dedos delicados sobre sua barba. E que olhar foi aquele após o descolamento dos lábios. As mãos, que não se separaram mais.

Admita. Se tudo não foi exatamente como você imaginou, prazer também não faltou.

Capítulo 15

DESFIGURADA, INTENSA E VERDADEIRA

• • • • • • •

Na história do pensamento, há quem faça do prazer o valor maior. Condição de toda vida feliz. Para estes, nenhuma existência poderia valer a pena sem prazer. Em nenhum de seus instantes. Como em grego a palavra "prazer" diz-se *hedonê*, esses pensadores foram denominados "hedonistas".

Como todo afeto, o prazer é uma maneira que o corpo encontra para traduzir em sensação a transformação que sofre. Sensação boa de sentir. Que merece ser buscada. Perseguida. Cobiçada.

Por isso, para os hedonistas, não há outro critério. Na hora de atribuir valor às coisas do mundo, tudo que aproxima, facilita ou proporciona esse tipo de sensação é do bem. Tem valor positivo. O resto, não.

Quem não concorda enfileira argumentos.

O prazer é casuísta. Fortuito. Instantâneo. Momentâneo. Escapadiço. Incerto. Transitório.

A que prontamente respondem os primeiros. Isso mesmo. Como o resto da vida, que também é tudo isso. Só que o prazer indica a parte boa. Que vale a pena sentir.

Rubem Alves o compara à alegria. Faz desta última, não sem algum atrevimento conceitual, um atributo da memória. Da lembrança. Ao passo que aquele seria atributo da percepção. Do encontro com o mundo. A cada instante.

Por isso, todo prazer "é único, não se repete, aquele que foi, já foi. Outro será outro"*.

Dissemos que, para os hedonistas, o prazer permite atribuir valor às coisas do mundo. Mas não só.

Ante a necessidade ininterrupta, instante a instante, de decidir para onde estamos indo, que direção tomar, qual conduta ter, que palavra enunciar; ante a necessidade de reduzir as infinitas possibilidades de existência a uma só, você sempre se perguntará:

Como escolher certo? Identificar o melhor? Qual a referência? Como ter certeza, com a decisão já tomada, de que a escolha foi, pelo menos, razoável?

E a resposta do pensamento hedonista é clara: o prazer. Se houve prazer, as decisões foram acertadas. As escolhas foram adequadas e convenientes. Na falta de prazer — ou na dor —, houve erro. Erro existencial. Pisada de bola feia.

Assim, se você não sabe se fez bem em correr a meia maratona, em ler este livro sobre o desejo, em comer aquele resto de estrogonofe da geladeira, em deixar o sabadão para não fazer nada, bem, segundo a proposta hedonista, basta perguntar-se sobre o prazer sentido, sua intensidade, sua duração etc.

Desejo e prazer, tudo a ver

Desejo e prazer não se confundem. Já sabemos disso. Até porque o desejo é na falta. Pelo que faz falta. Ao menos segundo o Platão, do *Banquete*.

---

* Do livro *Rubem Alves essencial – 300 pílulas de sabedoria*, Planeta, 2015.

Já o prazer supõe presença. Encontro. Atrito. Posse.

Assim, desejo e prazer nunca coincidem. Porque a falta de alguma coisa exclui sua presença. E vice-versa. Enquanto houver desejo, não há prazer ainda. Havendo prazer, o desejo já terá desaparecido. Um não encontra o outro. Tal como a vida e a morte. São excludentes.

Além de excludentes, podem não ter nada a ver um com o outro. Isto é, a ocorrência de um pode não estar associada à do outro. Assim, podemos ter desejo sem prazer. E prazer sem desejo. Sim, desejo sem prazer. No caso de frustração, como já vimos. E no caso da satisfação sem prazer, como também já vimos.

Sim, prazer sem desejo. Nada impede a manifestação de prazer do corpo ou da alma ante uma situação completamente impensada e, portanto, sem nenhum desejo anterior que lhe tenha dado causa.

Como quem encontra um ex-namorado, ou uma ex-namorada, de supetão. De inopino. No metrô. Fazendo vibrar cordas afetivas tão marcantes na vida vivida.

Resumindo, prazer e desejo não se confundem. E não são necessariamente causa um do outro.

Feitas essas ressalvas, é muito frequente que o prazer que sentimos seja o clímax de um desejo que lhe precedeu. De tanto querer, acabamos conseguindo. E sentindo o prazer da conquista.

Por isso, ao fazer do prazer uma referência para o valor da vida, das decisões e das ações, jogamos o desejo na centralidade das nossas inquietações. Mesmo na hora de interagir com o outro. De decidir para quem se entregar. Em quem confiar.

Assumindo que o prazer é a referência que permite dar à vida um valor, uma nota, toda sabedoria deveria permitir a identificação de seus obstáculos. De tudo que impede o desejo de se satisfazer.

O sábio Epicuro — considerado pai fundador do hedonismo, pouca coisa posterior a Platão — procura destrinchar as dificuldades que comumente encontramos para uma vida prazerosa. Ou seja, alcançar a satisfação de nossos desejos.

Deixem os deuses em paz

Esses obstáculos ao prazer precisam ser conhecidos. E combatidos. Para tanto, Epicuro identifica remédios. *Phármakon*.

O primeiro grande obstáculo para uma vida boa, uma vida de prazer, seria o nosso temor ante os deuses, suas expectativas a nosso respeito e suas intervenções em nossos caminhos.

Os deuses representariam, portanto, o primeiro grande entrave para uma vida prazerosa. Não há como alcançá-la sucumbindo a esse temor. É preciso vencê-lo.

Vitória sobre a crença de que a satisfação dos desejos — e a obtenção de seus prazeres correlatos — depende da intervenção divina e de suas forças. De que só uma conciliação com os deuses autoriza os prazeres da vida.

Epicuro, então, sugere que os deuses são seres perfeitos. Autossuficientes. Completamente distantes de nossos prazeres e de nossas frustrações. Desinteressados pela existência humana. A natureza absoluta dos deuses deve, na sua integralidade, gozar da imortalidade, da eternidade, na paz suprema. Descolados. Distanciados. E blindados das coisas deste mundo. Protegidos dos sofrimentos. Dos perigos. Das necessidades. Insensíveis aos favores. Inacessíveis à cólera.

Nessa concepção de Deus, não há que esperar por piedade. Muito menos por algum tipo de correção ou reequilíbrio de injustiças flagrantes nas relações humanas.

Dessa forma, os desejos humanos nunca serão julgados, aplaudidos ou proibidos em função de regras ou normas promulgadas pelos arautos das divindades, pelos seus mediadores sacerdotais ou instituições religiosas.

O epicurismo bate de frente com a sabedoria dos mitos. Já que seus heróis, figuras sobre-humanas, realizam seus desejos quando reconciliados com os deuses. E se frustram quando em atrito ou desarmonia com alguma ordem disposta pelas divindades.

Aqui, novamente, não há como se esquecer de Ulisses, que passou dez anos fora de casa, do seu lugar natural, a ilha de Ítaca, guerreando em Troia. E não teve facilidades para regressar. Mais dez anos de odisseia.

Os obstáculos interpostos entre Ulisses e seu desejo de regresso para os braços de Penélope e seus súditos em Ítaca foram agravados pela ira de Poseidon, deus de carteirinha, disposto a vingar seu filho, o ciclope Polifemo, da cegueira que lhe foi imposta pelo nosso herói.

Ulisses só viveu infortúnios. Um atrás do outro. Segundo a segundo. Uma frustração crônica. Determinada pela intervenção implacável do rei dos mares. Impedindo-o de realizar seu desejo. Condenando-o a uma vida fora de lugar. Em desarmonia cósmica.

Em situação completamente oposta, na *Eneida*, de Virgílio, o desejo de criação de uma nova cidade, Roma, está em sintonia com o desejo dos deuses, em especial o de Vênus.

Nesse caso, tudo fica mamão com açúcar. Faca quente na manteiga. Curso tranquilo das águas. Vida que flui. Porque os desejos dos homens se veem coadunados com os das divindades. Na mitologia, a ira de Poseidon e a bênção de Vênus interferem decisivamente nos prazeres dos protagonistas da trama.

Para o epicurismo, não pode haver absurdo maior.

Por isso, o remédio é claro. Os deuses lá e nós cá. Nossas eventuais satisfações — ou frustrações —, que decorrem das inclinações desejantes por nós vividas, nas múltiplas situações, nada têm a ver com o que os deuses esperam que realizemos.

O medo dos deuses mais do que atrapalha, inviabiliza a realização dos desejos e a obtenção de prazer. Afinal, como ter certeza do que eles efetivamente esperam de nós? Se não estiverem de acordo com o que pretendemos para a nossa vida, certamente azedarão todas as nossas iniciativas.

Por isso, talvez, tomá-los como distantes, desinteressados das nossas microrrealizações, seja mesmo uma boa saída. Condição libertadora para que, finalmente, nos sintamos autorizados a ir atrás daquilo que nos é prazeroso.

Prazer e morte

Para além dos deuses, outro obstáculo que a filosofia do mestre Epicuro destaca como impeditivo da realização de nossos desejos é o medo da morte. Medo esse que obviamente sentimos em vida. Assim, o problema para a vida boa não é morrer. É viver temendo a finitude.

Todo medo — seja da morte ou de qualquer outra ocorrência — é perturbador. Uma pitada de azedume. Ou de amargor.

O medo é o desejo do não. Assim, o medo da demissão corresponde ao desejo de não ser demitido. O medo de que chova em Ubatuba é o desejo de que não chova. O medo de ser traído é o desejo da fidelidade do cônjuge. Da sua não traição. O medo da gastrite é o desejo de que não doa o seu estômago depois da feijoada. O medo do torcedor de que o adversário converta o pênalti é o desejo de que isole a bola e não faça o gol.

E, finalmente, o medo da morte é o desejo de não morrer. Desejo de eternidade. Desejo de continuar desejando. Eternamente. De conservar a possibilidade de satisfazer seus desejos. E, portanto, de ter prazer.

A aceitação da finitude, ou seja, da vida como ela é, do seu atributo mais definidor e essencial, talvez seja mesmo condição para que ela seja feliz, boa e prazerosa.

Veja o que diz a respeito o ex-vice-presidente José de Alencar.

Não tenho medo da morte, porque não sei o que é a morte. A gente não sabe se a morte é melhor ou pior. Eu não quero viver nenhum dia que não possa ser objeto de orgulho. Peço a Deus que não me dê nenhum tempo de vida a mais, a não ser que eu possa me orgulhar dele*.

A vida dos mortais é fixada pelo seu termo. Impossível esquivar-se da morte. Urge render-se a ela. A busca da eternidade nos faz girar em falso, correndo atrás do próprio rabo. Impedindo que qualquer novo prazer possa bater à nossa porta.

Ora, se a felicidade é um atributo da vida, e a vida por definição é finita, buscar a felicidade na eternidade é procurar onde ela não pode estar. A vida feliz é a que tem começo e fim. A mera menção de uma eternidade feliz é um erro de inadequação entre substantivo e adjetivo. Entre substância e atributo.

Você, leitor, tomaria por idiota quem lhe dissesse que a mesinha de cabeceira é doce ou é amarga. Ou que a cerveja é vaidosa ou desonesta. Não faz sentido. Porque esses atributos nada têm a ver com as substâncias a que estão sendo vinculados.

Pela mesma razão, a felicidade nada tem a ver com a eternidade. Porque a vida só poderá mesmo ser feliz, isto é, cheia de prazer, sendo como ela é. Fugaz. Transitória. Rara. Escapadiça. Escassa. E marcada pelo fim. Por isso, a aceitação dessa finitude é condição fundamental para que conheçamos os prazeres desta que é a vida que vivemos.

---

* Fonte: http://g1.globo.com/politica/noticia/2011/03/relembre-frases-do-ex--vice-presidente-jose-alencar.html. Acesso em: 14 fev. 2019.

Se fosse eterna, toda a sabedoria seria outra. Todo o bem-viver exigiria novos fundamentos. E o prazer e a felicidade dariam lugar a outros valores.

Como não é assim, não percamos mais tempo.

Acostume-se a pensar que a morte não tem nenhuma relação conosco. E por que não? Porque todo o bem e todo o mal se encontram nas sensações. Ora, a morte é, antes de tudo, a privação de sensação.

Levando a sério a ideia de que entre nós e a morte não há tangência, poderemos encontrar o gozo inerente à finitude da vida.

Assim, Epicuro não se cansa de recomendar esse exercício de sabedoria prática que é o de tomar a morte como mais do que irrelevante. Desprovida de qualquer relação conosco.

Tão absurdo quanto temer a morte, desejar o seu não é ansiar pela sua chegada. Sentir-se atraído pelo fim. Inclinar-se para o perecimento.

Desejar a morte é desejar o nada.

Prazeres modestos

Excluímos da vida boa, na sabedoria de Epicuro, tanto o desejo alinhado aos deuses quanto o desejo da morte e, também, quanto à eliminação de todo o desejo. A tarefa está em transformá-lo em prazer. E, portanto, se livrar de tudo aquilo que impede a sua satisfação.

Esse prazer epicurista é, antes de mais nada, a ausência de dor e, portanto, não tem a ver, necessariamente, com a overdose, o exagero, o excesso, tão comumente ligados à palavra *hedonê*.

Veja você, Epicuro sempre levou a fama de devasso. Conhecido como O Porco. Alguém que defenderia a busca do prazer, seja ele qual for e a qualquer preço. Nada mais falso.

Ao seguir seus textos, ele relacionava a vida boa exclusivamente aos prazeres tidos por naturais e necessários, sem os quais não sobreviveríamos. Todos os demais seriam condenáveis.

E por quê?

Epicuro vinculava toda sabedoria à capacidade de ter prazer com coisas simples. As mais recorrentes no mundo. Como a brisa no rosto ou um gole de água fresca etc. Veja a leveza da explicação de Martha Medeiros.

> Faça o que for necessário para ser feliz. Mas não se esqueça de que a felicidade é um sentimento simples, você pode encontrá-la e deixá-la ir embora por não perceber sua simplicidade*.

Ora, se você começa a sofisticar as experiências prazerosas, seu corpo vai ficando exigente. Cobrando requinte. E tornando o prazer mais raro.

Temos que admitir: quem tem prazer com água às margens de um riacho tem a vida boa muito mais na mão do que alguém que precisa de iguarias envelhecidas durante anos em tonéis de carvalho. Prazeres crescentemente sofisticados tiram do corpo a capacidade de voltar atrás.

Trabalho e prazer

Os obstáculos ao prazer identificados por Epicuro nos permitem refletir sobre alguns aspectos de nossa vida profissional. Sobre o trabalho que realizamos. E os prazeres que eventualmente possa suscitar.

---

* Trecho da crônica "Felicidade realista", publicada no jornal *Zero Hora* em janeiro de 2001 e no livro *Montanha-russa*, L&PM Pocket, 2003.

Em muitos casos, o trabalho não permite o desenvolvimento das faculdades do trabalhador. Tampouco tem a ver com os seus desejos. Ele se realiza pelo preenchimento de funções preestabelecidas. É como se no exercício da atividade laboral o homem se despregasse de si mesmo. Se descolasse.

Nesse caso, a vida no trabalho se torna genérica. Despersonalizada. Esse tempo — que é significativo em número de horas, em número de dias, semanas, meses e anos — é penoso, porque a distância das atividades realizadas, das faculdades e dos desejos de quem as realiza inviabiliza toda a satisfação.

Assistimos, assim, na vida profissional, a uma negação quase que absoluta do princípio de prazer. E a potência de quem trabalha é direcionada para o útil e o estritamente instrumental. É como se o trabalho de cada um fosse um ingrediente a mais em um bolo. Que, no instante em que é exercido, perde a sua especificidade de atributos, a sua identidade, integrando um todo que pasteuriza.

Esse distanciamento do trabalho em relação às próprias faculdades e desejos faz dele alienado, trabalhando em prol de uma coletividade que o reprime. Fazendo do lazer um tempo de recuperação. Pelo princípio do rendimento, que direciona todos para o ganho e a produtividade, a sociedade generaliza o trabalho e torna toda busca de felicidade para o indivíduo desejante um item de valor secundário.

Para tanto, manipulam-se consciências. Os instintos de agressão e desejo sexual são sublimados. Convertidos em busca de eficácia. De rendimento. De sangue nos olhos e faca nos dentes. Manipulação. Essa que só funciona se funcionar para todos.

Você só convence alguém de que duas ou três horas de engajamento em hora extra, com espírito de dono, valem mais do que uma boa noite de sexo selvagem se muito mais gente estiver de acordo. E converter essa substituição coletivamente em obviedade. Em evidência.

Trata-se, portanto, de fazer interiorizar a autoridade social de tal forma que os indivíduos se sintam agentes, protagonistas, proativos. E se reconheçam nesse grupo que, na verdade, os oprime. A apresentação de uma ordem social como sendo da natureza das coisas permite fazer engolir mais docemente a dominação em que se insere.

Como toda dominação de ordem simbólica, será tanto mais eficaz quanto maior a ignorância, a inconsciência da arbitrariedade que lhe anima.

E é assim que Marcuse, em *Eros e civilização*, deixará claro que cada sociedade, em cada momento da história, terá uma forma particular de organização do desejo como condição de convivência civilizada. Redirecionando energias que poderiam tumultuar a ordem social, no sentido de troféus que não só preservem a harmonia, mas garantam a maior abundância possível.

Ligando o foda-se

O pensamento mais legítimo sempre desconfiou do prazer. E a sociedade, onde vivem os pensadores, também nunca deu muita folga para os que só estão mesmo a fim de curtir. O pé atrás fica claro mesmo quando o prazer assume a condição de referência maior da vida, caso dos hedonistas.

Destacamos aqui, para nos despedir, o que diz um dos mais conhecidos e lidos autores americanos dos dias de hoje. Mark Manson, do *best-seller*, em português, *A sutil arte de ligar o foda-se*. A obra é superagradável de ler. Traz reflexões interessantes sobre a vida com uma linguagem sedutora e um estilo único. De quem tem enorme talento para se comunicar por escrito.

Manson fala de valores. E afirma haver alguns que ele denomina escrotos. Supomos que queira dizer que sejam negativos para a vida. E o primeiro deles, o prazer. "Péssimo valor no qual basear a vida."

O autor pergunta se um viciado em drogas, que busca o prazer o tempo todo, terá vivido bem. Ou se um adúltero é feliz com a desintegração da sua família ou o afastamento dos filhos. Finalmente, se a gula excessiva, que aproxima da morte, ajudou a resolver seus problemas.

Manson, no interior dos exemplos que dá, tem razão. Esses prazeres apresentados acima podem mesmo comprometer a vida. Dificilmente poderão pavimentar uma trajetória feliz. Mas exemplos, casos, ocorrências esparsas não fundamentam assertivas.

Prazeres sem vício devem ser ótimos. Os que contribuem para a integração da família — como o bom entendimento na cama com a esposa ou a conversa com os filhos no almoço de domingo. Sem falar da degustação que não é gulosa nem leva à beira da morte.

E seus correlatos desejos acompanham em valor. São ótimos. Desejo de acompanhar a trajetória dos filhos, quanto der. Desejo de vê-los sorrir. De vê-los amadurecer. De ajudá-los na autodescoberta. De educá-los. De torná-los gente de bem. Capacitados para o amor.

Desejo de dar apoio à esposa. De vê-la alcançar seu sucesso profissional. De dar-lhe motivo de orgulho e admiração pelo marido. Pelo empenho, perseverança e autenticidade.

Com essas palavras, me despeço de você, leitor. Sem conclusões. Nem considerações finais. Porque nada tenho de conclusivo ou de finalizador a escrever.

Apenas espero que — desejo que não tenho condições de realizar por conta própria —, ao longo dos parágrafos lidos nas páginas anteriores, pelo menos por um segundo você tenha cogitado compartilhar esta leitura com alguém que ama.

Ótimo sintoma de uma leitura feliz.

Este livro foi composto na tipologia Adobe Garamond Pro,
em corpo 11,5/15, e impresso em papel offwhite,
no Sistema Cameron da Divisão Gráfica
da Distribuidora Record.